Die „Coronaessenz"

„Bewusstseinserhellende Betrachtungen hinter „Corona"!

© 2020 Axel Englert

ISBN - 9783751931281

Herstellung/Verlag:BoD –Books on Demand,Norderstedt

Umschlaggestaltung/Cover:
Eva Maria Shire (www.soulspiritart)

Der Geist bzw. das Licht hat keinen Anfang und kein Ende. Und im tiefsten Wesen sind wir ewig. Dieser Geist - die Urkraft- ist nicht unsichtbar. Diese verborgen wirkende Kraft des Geistes tritt aus dem Unsichtbaren hervor und wird im Bild des Symbols, seiner Form sichtbar. So sind auch Natur und damit der Mensch, alles was existiert, seine Bilder, ein „Traumgeschehen" dieses Allumfassenden. Es ist ein geheimnisvoller Prozess, in dem sich Geistiges (Inhalt) und Sinnliches in der Erde (Form) zu einem geistigen und körperlich erfahrbaren Bild vereinen.

So ist auch die Welt immer Ausdruck des Geistes, der in jedem als eine Form lebendig werden und sich selbst erfahren will!

Die Vorstellung von der Erde, als einem lebendigen Organismus und einer Nährmutter und Formenspender für den Großen Weltengeist, steht immer als wichtigste Schranke vor den Handlungen der Menschen.

Man ist doch auch nicht so ohne weiteres bereit, seine Mutter, als Formenspender für die eigene Existenz, zu erschlagen oder ihren Körper zu verstümmeln. So muss auch die Erde als lebendig und empfindsam gelten und es ist als Verletzung und Vergewaltigung durch begrenztes menschlich- ethisches Verhalten gegenüber dem Großen Geist gesehen werden, solche zerstörerische Handlungen gegen sie vorzunehmen.

Gerade also durch Seuchen, wie den Coronavirus, wird der Mensch darauf hingewiesen, dass er seine Mutter nicht besitzen und beherrschen kann, sondern er ihre Regeln und damit die Schöpfung des „Großen Geistes" anerkennen muss! (A.E.)

Inhaltsangabe

Krankheitseinsichten

Jegliche Krankheit ist als Symbolbildung zu verstehen, wie das „rote Warnlämpchen" in jedem Auto, auf welcher Ebene auch immer. Sie manifestiert sich dort, wo eine Fähigkeit oder Anlage bzw. ein Thema nicht im seelischen Sinne wirklichkeitsadäquat gelebt werden kann. Krankheiten mit ihren Symptomen weisen also auf ein dynamisches Ungleichgewicht zwischen Körper, Psyche und Seele hin!

Ist diese Harmonie gestört treten „Symbole" auf, wie z. B.:

(schlechte) Träume, Konflikte, Krankheit, Katastrophen, wie Epidemien (Corona!) – ausbremsende Situationen, Stagnationen, die nur blockierende Muster und emotional belastende Situationen im Inneren „spiegeln".

Es ist eine Störung, die das Gesamtsystem umfasst und die Störung kann sich immer auf allen verschiedenen Ebenen zeigen - im Körper, im Gemüt bzw. Psyche und aus der Umwelt. - Das können unter Umständen psychische oder psychosomatische Störungen, wie z.b. Depressionen, Asthma, Rheuma, Neurodermitis, Magen-, Darmbeschwerden, Krebs, u.v.m. sowie auf einer gesellschaftlichen Ebene eben Epidemien jeglicher Art sein!

Bricht aber innerlich beispielsweise im transpersonalen Schicksalsbereich der Seele etwas Neues auf, so können wir ebenfalls erkranken, weil sich das dynamische Gleichgewicht zwischen den genannten Komponenten zugunsten einer Persönlichkeits- oder kollektiven Weiterentwicklung verschiebt. Der Körper bzw. das System braucht dann Zeit, um sich neu zu organisieren (auch spirituelle Krise genannt) - d.h. es mag sein, dass man sich mit seinem bewussten Willen Freiheitsgrade erarbeitet, je bewusster man sich nicht mehr emotional mit Gegensätzen oder Leidenschaften identifiziert. Ein „Frei sein" von der Eingebundenheit vom Ozean des „Weltengeistes", mit seinen evolutionären „Absichten", ist zur Gänze nicht möglich!

Gegen ein solches „transpersonales Schicksal" kann der Mensch sich nicht mehr wehren, wenn ihn das große Geistige "verschlingt" (siehe Neues Testament: Jona im symbolischen Walfisch oder besonders im Buch Hiob, der ja, wie wir wissen, wohl sehr "gottesfürchtig" war).

In diesem Zusammenhang verweise ich aber ausdrücklich auf das transpersonale Schicksal von körperlichen oder geistigen Behinderungen, Menschen, die Kulturanpassungsleistungen nicht genügen können, die mit einer gestörten (Gedanken-) Geisteshaltung absolut nichts zu tun haben! Da wurde aus Sicht der Schöpfung nichts falsch gemacht. - Es gibt da keine falsche Geisteshaltung! (vgl. Erläuterung: Axel Englert „Seelencookies" BoD Verlag)

Krankheit gehört so auch zum Menschen und sie kann sich auf der psychischen, körperlichen als auch auf der sozialen Ebene äußern (vgl. Sinn von Kinderkrankheiten) bzw. die Seele verliert sich (reicht hinein) nach unten, in die organisch stoffliche Basis des Körpers und wirkt dort mit einer, das Leben regulierenden Absicht.
Wir werden demzufolge nicht krank, weil wir etwas falsch gemacht oder gar gesündigt haben, sondern eine Erkrankung symbolisiert einen Prozess des „Hineinwachsens", in eine neue Lebenssituation. Diese Betrachtung relativiert natürlich wieder die allmächtige Einschätzung des begrenzten menschlichen Tagesbewusstseins, sich vermeintlich frei im allumfassenden Raum des Göttlichen bewegen zu können, völlig oft seinem großen Rahmen widersprechend, in welchem man sich bewegt.

Krankheit hat hierbei eine Symbol- und Signalfunktion und fungiert quasi als Spiegel, dass etwas aus der göttlichen Ordnung gefallen ist. Das Motto lautet: „Alles, was nicht funktioniert, bedarf einer Weiterentwicklung und es erfolgt bestenfalls eine Qualitätsverbesserung über die Selbsterkenntnis!" Bei solch einem tiefgründigen Häutungsprozess wie bei einer Schlange, können unter Umständen sogar „NOT" - wendige medizinische Maßnahmen erforderlich sein.

Seele und Körper

Erkrankt der Körper stellt sich die Frage nach einem passenden Arzt:

Lungenärzte – HNO Ärzte – Urologen - Augenärzte -   Naturheilkundler, Heilpraktiker, Orthopäden –Ayurvedische Mediziner –Virologen ... ?

Die Hilfe eines professionellen Mediziners ist bei akuten gesundheitlichen Beschwerden unbedingt erforderlich, aber Heilung erfolgt nicht ausschließlich durch eine Bekämpfung der Symptome. Kranke hinterfragen leider zu selten den wahren Grund ihrer Erkrankung. Wird den Ursachen für die Erkrankung nicht auf den Grund gegangen, dann kann es zu Symptomverschiebungen kommen, welche dann auf einer anderen Ebene weiterhin im Körper und in der Psyche wirken. Die Symptome können sich auch langfristig zu einer chronischen Erkrankung, wie z.B. Diabetes, Rheuma, entwickeln.

Aber wo liegen denn nun die UR – SACHEN – das VER - UR – SACHENDE?

Die Antwort lautet: in Deinem ganz persönlichen Bewusstsein, denn der Körper ist lediglich der Übersetzer / das Instrument der Absichten und Themen Deiner Seele in die Gegensätzlichkeiten des Lebens!
Deine Seele hat sich in einer körperlichen Form manifestiert, um hier auf Erden vielschichtige Erfahrungen in dieser physischen Form zu sammeln.
Ihr geht es nicht darum, was du tust, sondern mit welcher Einstellung bzw. blockierender Prägung Du Deine Handlungen versiehst, gleich was Du gerade auch machst. Ist es Dir (noch) nicht möglich, ihre Signale und Botschaften zu verstehen, dann bleibt ihr nichts anderes übrig, als sich über den Körper mitzuteilen, z.B. durch Krankheiten, Schicksalsschläge, Krisen, familiäre Probleme   .

Die Lösung für eine Gesundung liegt darin, die Botschaften der Seele notfalls auch mit   Unterstützung von spirituellen Lehrern, Heilern, systemischen Beratern, aber auch durch ihre „enemy mines" herauszufinden. Nachdem es Dir möglich war, die Botschaft / die Impulse Deiner Seele zu verstehen, erst dann kannst Du auch Heilung auf körperlicher Ebene erfahren!

Wenn Du z.B. Deinen Körper mit einer Blume vergleichst, dann wird die Blume trotz des Düngers, den guten Nährstoffen, der besonderen Züchtung, dem fruchtbaren Boden nicht gedeihen, wenn sie kein Wasser bekommt. Das verbindende „Wasser" für Deinen Körper sind die seelischen Kräfte aus Deinem Bewusstsein. Die Lösung für ein gesundes Leben liegt in der Aktivierung eben dieser Verbindung zwischen Körper, Geist und Seele.

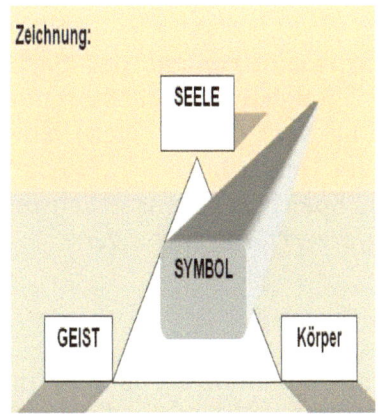

Zeichnung:

SEELE

SYMBOL

GEIST

Körper

In einer ganzheitlichen Heilkunde gibt es einen Dreieckszusammenhang, der sich folgendermaßen formulieren lässt:

Es ist das psychosomatische Dreieck:

„Körper/ Geist/ Seele"!

Dieses bildet in der Harmonie - also in „gesundem" Zustand- ein „Gleichseitiges Dreieck". Bei der Betrachtung von Krankheitsursachen gibt es da immer wieder Missverständnisse beim Gebrauch dieser Begriffe „Seele" - „Psyche!" und „Geist"

Dabei ist zum weiteren Verständnis für dieses Buch festzulegen:

Seele: Das „göttliche Bildwerk", wie das Allumfassende/Gott genannt, den Menschen sich „ein-ge- Bildet" hat, quasi die höchste (Geist~) Version von ihm.
Seele ist immer **„Sinnorientiert"**, in ihren angelegten Themen, Möglichkeiten und Anlagen! – die objektive Instanz als Intuition, Fügung oder Wunder erfahrbar. Die Seele gestaltet aus dem Bewusstsein, d.h. sie bringt dich „resonatorisch" (zieht an~) in Berührung mit entsprechenden Erfahrungssituationen, in denen sie sich mit ihren Themen erfahrbar aufmerksam machen oder spiegeln will!

Die Psyche: (Das Innere Kind!)
Alle erfahrenen Stimmungen, Affekte, Prägungen, gefühlte Konflikte, die du in dir hast bzw. trägst, die dich erregen, also „Geist" (germ. „Geysir"- erregend), dein äußeres Leben gestalten oder antreiben wollend" - also ein „Gefühlsspeicher":
Sie ist immer subjektiv **„Bedürfnisorientiert"**

Körper:

Der Körper ist das sinnliche Erfahrungsinstrument der Seele (~seelisch Geistiges) und zeigt eben das Fließgleichgewicht störende Lebensvorgänge an, zwischen ihr und dem Geist (~igen) bzw. Gemüt, die man eben **„psychisch"** oder (menschliche~) „Psyche" nennt! Die Psyche hingegen, ist ein Speicher gegensätzlichster emotionaler und gefühlsmäßiger, oft verzerrter Erfahrungen.

Im großen Zusammenhang gesehen:

Körperliche wie auch seelische Heilung ob im Individuum oder im „Gesellschaftskörper" geschieht ab dem Augenblick der Erkenntnis und damit Hinterfragen von gesundheitsschädlichen Lebensmustern, auch im Falle von Seuchen oder Pandemien, die durch geistige Einstellungsänderungen gesundheitsfördernd im vornhinein, auch vor einer möglichen Virenschlacht und Kampf mit Medikamenten, verändert werden kann.

Unsere Geisteshaltung und unser Gefühlsleben beeinflussen die elementaren Körpervorgänge, also auch das Immunsystem. Aus der Sicht eines ganzheitlichen Gesundheitsverständnisses, das der Wechselwirkung körperlicher und seelischer Prozesse Rechnung trägt, versteht man, dass verdrängte oder unterdrückte Gefühle oder verzerrte Sichtweisen gegen das eigene Leben, die Ökologie der Schöpfung mit ihrem Lebensnetz sich organisch individuell und kollektiv niederschlagen.

Ich gehe in diesem Buch davon aus, dass körperliche und seelische Prozesse und Umwelt miteinander verbunden sind und dass körperliche Symptome Hinweise auf psychische und ökologische Störungen des Ökosystems enthalten.

Wir müssen viel mehr unsere Fähigkeit zur Wahrnehmung ganzheitlicher symbolischer Prozesse, das heißt unser bildhaft-intuitives Erfassen mit der Seele - dem Geist - einsetzen, um die Bedeutung eines körperlichen Symptoms, hinsichtlich seiner psychischen Ursachen, mit ihren festgefahrenen Verhaltensmustern zu verstehen, die gerade auch im Anblick von Seuchen hinterfragt werden sollten.

„Corona" als Metapher

Der Mensch war an Corona erkrankt!

In seinem fiebrigen und schweißgebadeten Schlaf hatte er einen intensiven Traum, der ihm irgendwie bekannt, aber doch fremd vorkam! (Vgl. Math. 4, 1-11 und Lukas 4, 1-13)

Er sah sich in der Rolle des bekannten Jesus!

Ein Teufel nähert sich ihm und führte ihn auf einen sehr hohen Berg. Er zeigte ihm alle Reiche der Welt mit ihrer Pracht und sagte zu ihm: „Das alles will ich dir geben, wenn du dich vor mir niederwirfst und mich anbetest". (Mt. 4,8ff)

Der Teufel, das symbolisierte Böse (Corona), will den Menschen „einver-leiben und nähert sich ihm. Der „Teufel" im Menschen will die weltliche Macht! - Er will herrschen mit heuschreckenähnlicher Macht und Raffgier, um sich die Anerkennung und Liebe zu erzwingen, die er sich selbst nicht geben kann, und von der er sich getrennt fühlt. Er will die Krone! – die „Corona" der Welt!

Plötzlich umflutete den Menschen ein helles wärmendes Licht aus seinem Inneren und er hörte eine leise Stimme aus der Tiefe seines Herzens, die sprach: „Mensch erkenne in deinem wirklichen Ausdruck des Göttlichen, dem „Lichte" – seiner Fülle, dem „Höchsten" in dir!"

Den Menschen überkam ein Gefühl von außerordentlicher Ruhe. Er war plötzlich von einer unbeschreiblich friedvollen, besänftigenden Freude erfüllt. Es war eine unglaubliche Weichheit. Es war, als ob jeglicher Zwang, Druck Angst und Spannung aus seinem Körper gewichen wäre. Aus dieser Weichheit heraus, ergriff ihn unbegreifliche Freude von „Eins-Sein". Es war ein Gefühl, als sei er zum ersten Mal aus der Dunkelheit gekommen und registrierte ganz deutlich, wie unbewusst doch die eigene Bewusstheit über sich und die Schöpfung bisher gewesen war!

Lao-Tse: Kannst du deine Seele (heraus~) bilden, das sie das Eine umfängt, ohne sich zu zerstreuen/ Kannst du da deine Kraft einheitlich machen und die Weichheit erreichen, dass du wie ein Kindlein wirst?... / und er kehrt zurück zur „Ein!"-falt! /Ist die Einheit aber zerstreut, gibt es (nur ge~) brauchbare Menschen!

Seine Seele sprach: „Erkennst du nun den Teufel, in dir, im Ausdruck von Corona? - Dein Gefäß der Selbstachtung und Selbstliebe war bis auf den Boden leer und er muss sich, wie im Symbol eines Vampirs, Lebendiges im Nächsten und in der Natur suchen, um dort zerstörend zu saugen. Er hat einen riesigen Mangel an Eigenliebe und Selbstvertrauen, den er, durch dich stillen und damit auf Kosten des Ganzen wachsen möchte!"

Tief ergriffen von dem „Licht", durchblickte der Mensch diesen Dämon nun in sich, und sagte zu sich: „Ja!- das bin ich! – Ich habe erkannt!" und breitete seine Arme aus, sich an das bekannte, aber bisher unverstandene Wort erinnernd: „...dass ihr nicht widerstehen sollt dem Übel" (MT. 5,39)

In diesem Augenblick nun, als der Teufel sich ihm weiter näherte und in die „Aura" seines Lichtes eintrat, begann er sich, wie in den bekannten Vampirromanen, aufzulösen und verschwand. Er war als Satan nicht mehr erkennbar. Er hatte sich mehr und mehr als die Verkörperung des „Dunklen und Bösen" - als Krankheit – als „nichterlösten Mangel" - in der göttlichen Fülle" aufgelöst.

Für den Menschen war dies sein persönlicher heilender Durchbruch auf einer neuen Bewusstseinsebene, wo er plötzlich sein Leben unter einer weiteren Perspektive sehen konnte, als bisher und dass alles bzw. sein Leben auf eine besondere Weise miteinander bezogen, verbunden und als übergreifendes Lebensmuster ein lebendiges Gewebe darstellt, als er es bisher geahnt hatte.

Er erkannte: „In der Natur geschieht nichts, was in Verbindung mit dem Ganzen stehe" (Goethe 1792)

Er war zu seiner wirklichen „Corona (Krone!) des Lebens" erwacht!

„Corona" – der Vampir!

Außerhalb lebender Zellen kann ein Virus nicht als lebender Organismus bezeichnet werden. Innerhalb einer Zelle bildet es zusammen erst mit einer lebenden Zelle ein funktionierendes Lebenssystem und zwar von besonderer einzigartiger Art: Das Virus organisiert sich selbst in der Zelle - Doch ist der Zweck der Organisation nicht die Stabilität und das Überleben des Virus-Zellensystems bzw. des befallenen Wirtes, sondern es ist das einzige Ziel, die Produktion neuer Viren, die dann fortfahren, lebende Systeme dieser Art in der von anderen Zellen bereitgestellten Umwelt zu bilden. Symbolisch ernährt und lebt das Virus also durch fremde Energie, gleich einem blutsaugenden Vampir. Es nutzt die Körperzellen aus und zerstört ihr Ökosystem, wie es der Mensch im Großen in seiner Gesellschaft und Umwelt auch macht.

Stellen wir uns nun weiter vor, der Virus wäre eine winzig kleine Person, und fragen wir uns, was über diese kleine Person in Erfahrung zu bringen ist.

Die Person will ungefragt, über eine Öffnung in der Haut unsichtbar in das Innere eines Menschen eindringen und sich dort ein nährendes Umfeld suchen. Bei Corona ist es eben die Lunge, als psychosomatisches Symbol, für eigenbestimmte Lebendigkeit und Lebensfluss, sowie zwischenmenschliche Kontaktfähigkeit!

Diese Lebendigkeit bzw. des Brennen der Seele für das eigene Leben im Menschen ist aber zutiefst gestört und so nicht mehr eigenbestimmt. Sie wird nicht mehr zugelassen und die Zugbrücke ist innerlich hochgezogen. Der Schutzwall ist undurchdringlich geworden, die Abwehr hat ihren höchsten Wert erreicht. Andere kommen nicht mehr durch, auch mit ihrer Sinnlichkeit und Gefühlen bzw. mit dem weiblich einfühlsamen Aspekt des Menschen, nicht mehr in Berührung.

Die Psyche hat sich eingeigelt und sie schützt sich vor dem Herauslassen und dem freien Zulassen, einer intuitiv notwendigen und entwicklungsfördernden Wahrheit!

Das heißt, sie möchte von einem „Schmerz oder „Angst vor…" aus ihrer Vergangenheit oder vermeintlichem Ansehensverlust etc. ferngehalten werden und wacht sorgfältig darüber, dass niemand ihr zu nahe kommt.

Diesen Abwehrpanzer zu durchdringen und die dahinterliegenden wieder gefühlten Eigenschaften der eigenen Seele zum Vorschein zu bringen, wäre die Aufgabe einer jeden Therapie, wenn der Mensch darum wüsste bzw. sie zulassen könnte.

Der Mensch befindet sich hier in einer Festung, in der der Burgherr (sprich: die Seele) symbolisch gar fühl- oder erkennbar nicht mehr zuhause ist, bzw. sich nicht mehr bemerkbar machen kann! „Ich bin", so lautet dieser Satz übersetzt, „seelisch" für eine eigenbestimmte Lebendigkeit nicht mehr zu erreichen"!

Also, irgendwie gilt es nun diese Mauer dieser Festung zu zerbrechen, aufzuweichen oder den Menschen wieder psychisch dazu zu zwingen, die Zugbrücke herunterzulassen – salopp ausgedrückt: „Ihn dazu zu bringen, die Hosen runterzulassen" – seine wirklichen lebendigen Ansichten und Möglichkeiten bewusster zu erkennen, zu entfalten und im Austausch mit Vertrauen wieder authentisch und emphatischer kommunizieren zu lernen!

Das ist eben vornehmlich die Aufgabe eines Virus, die Festung durch heimliches Eindringen (*eine Verletzung, ein Nadelstich, Husten, Schleimtröpfchen etc.*), wieder zum wirklichen Leben und Lebendigkeit zu „schleifen" und „aufzuweichen", um deren Inneres wieder mit dem Außen bzw. der Umwelt, zu verbinden!

Wir kennen dieses ähnliche Spiel auch unter dem Namen „Trojanisches Pferd". Troja war jene festungsartige Stadt, die von den Griechen belagert wurde. Sie wollten hinein. Nach langer Belagerung gelang es schließlich, durch eine List des Odysseus getarnt, in die Festung einzudringen. Zu diesem Zweck ließ er ein hölzernes Pferd bauen und versteckte eine Anzahl seiner besten Krieger im Inneren des Pferdes.

Im Glauben, die Griechen hätten die Belagerung aufgegeben, zogen die Trojaner das Pferd ins Innere der Festung. Jetzt waren die Krieger im Inneren und konnten ihr Zerstörungswerk an den kranken Zellen (*Trojanern!*) beginnen.

In ähnlicher Weise arbeitet das Trojanische Pferd – ein Virus-, im Hinblick auf einen Computer mit seinem Betriebssystem (Seele!) und Programmen, die oft (psychisch) fremdbestimmt sind Die Zugangswege hinein in die Festung, sind dadurch für ihn quasi unbemerkt, passierbar.

Hereingeholt wird das „Pferd" aber von dem Burgherren des Menschen - seiner Seele! - dem wirklichen Selbst, also so, wie das Göttliche ihn, in seiner „Höchsten Version" gedacht hat.

Es ist also nicht so, dass eine finstere Schicksalsmacht (- ein Hacker!) den Menschen hier aus heiterem Himmel, (auch nicht zufällig) mit einem Virus „straft", sondern seine Seele ist eigentlich „nach außen" gegangen, um ihn sich in die Festung herein zu holen, um sich von wuchernden Fremdprogrammen zu befreien.

Übertragen wir das alles auf das Thema „Coronavirus"

Wir finden dort das Bild eines Menschen oder Gesellschaft, die sich psychisch in das Innere einer Festung zurückgezogen hat, die seelisch, wirklich lebendig, an dieser Welt nicht mehr teilnimmt. Er hat sich emporgeschwungen und verloren in der Welt eines krebsartigen materiellen Konsum- oder Mainstreamrausches und ist an den Belangen seiner Seele, mit ihrer wirklichen Lebensqualität, eigentlich - oft unbewusst - nicht interessiert.

Da er nur noch mit seinem Körper (also körperlich) und nach außen gerichteter Psyche anwesend ist, muss er zusehen, dass die Belange des Körpers befriedigt werden.

Er muss also seelische Befriedigung durch körperliche Arbeit und Befriedigung, sowie durch Mainstreams ersetzen.

Was vorher ein seelisches emphatisches Einlassen und Bewegt sein war, wird jetzt auf die körperliche Ebene, eines egomanischen Austausches und „Ellenbogenverkehrs" reduziert.

Schauen wir uns die Punkte an, so ist klar ersichtlich, dass das Thema der Krankheit „Corona" also nicht verstanden werden kann, indem man sich allein auf die Bekämpfung des Virus nur als Symptom konzentriert, wie es die heutige Wissenschaft tut.
Er ist ja nur die letzte Konsequenz einer Kette, die sich aus vielen vorhergehenden Schritten definiert, und es erscheint so, dass man mit „Corona" bzw. dem Virus eben psychosomatisch nicht den Ausbruch der Krankheit meint, sondern den gesamten Prozess beschreiben muss, der an der Stelle beginnt, an der sich der Mensch mit seiner Gesellschaft, die Zugbrücke zu seinem „Burgherrn" – der „Seele" – seiner Ganzheit - hochgezogen hat.

Einmal von dieser Seite betrachtet, haben wir alle heute potentiell „Corona", und es ist vollständig unerheblich, ob der Virus sich bereits in unserem Inneren befindet oder sich noch - versteckt im „Trojanischen Pferd" in der Umwelt oder im „Goldenen Kalb" – oder einer Sucht im Außen aufhält und darauf wartet, hereingeholt zu werden.

Natürlich ist es unglaublich diffizil, allgemeine Merkmale anzugeben, wann sich ein Mensch seelisch gravierend zurückgezogen hat, denn im Außen ist derartiges kaum sichtbar, oder sie erscheint erst bei einer gründlichen psychischen Anamnese. Im Außen funktioniert der Mensch durchaus „normal" und ist nicht daran zu erkennen, dass er etwa keine wirklich emphatischen Kontakte mehr knüpfte oder zum Eigenbrötler, in einer Burg mit hochgezogener Zugbrücke wurde, bislang, aber formal, ein „normales" angepasstes Leben als „Normopath" führte, bis eben zur „zufälligen" krankmachenden Infektion!

Wer ist aber gefährdet?

Die Antwort wird von „Hackern" sei so formuliert:

„Häufiger Softwareaustausch mit Partnern oder in Gemeinschaften ohne seinen wirklichen seelischen gesundheitserhaltenden Inhalt, gefühlsmäßig im Austausch durch eigene angemessene Anpassung zu verbinden, birgt hohes Infektionsrisiko durch Computerviren". Wen wundert's dann, wenn alter oder fremder psychische Mist wie Virenspam (Uraltprogramme) die Psyche zugemüllt hat und den Zugang zur Seele endgültig verstopft und wirkliches Leben aussaugt. Aber mit stinkenden eigenen Mängeln will oft niemand konfrontiert werden. Wenn dann noch moralisch begründete „Erpressungsversuche" nach wertschätzender liebevoller Anerkennung durch Verkauf von Leistung, für Liebe und Wertschätzung, durch Durchhalten und Anstrengung in einem gestutzten Bonsaibäumchendasein auch nichts bringen, wird das „Handtuch oft unbewusst geworfen" und der Ausgang ist vorprogrammiert als ein „Tod im Leben", oft vom Seelischen verursacht, weil jegliche Entwicklung auf der aktuellen Lebensbühne verweigert wurde!

„Der Weg zur neuen Lebendigkeit führt so durch die Dunkelheit, in einen tiefen Winkel der eigenen psychischen Festplatte, um blockierende Empfindungseinstellungssoftware zu erkennen und zu löschen!

Dann erst erinnert sich man wieder an die eigene (neue!) Lebendigkeit, fühlt sie - und ein „Phönix" aus der alten Lebensasche kann sich erheben, trotz „Corona". Denn in einer lebendigen Gefühlswelt einer menschlichen Verbundenheit könnte der Virus nicht existieren. Jede lebendige bewusste authentisch gelebte Gefühlswelt würde das Abwehrsystem, als Antivirenprogramm, so stärken, dass ein Virus, auch in Zukunft nie keine Chance hätte!

Eine ganzheitliche gepflegte Psychohygiene, sprich „Selbsterkenntnis", die Geist–Körper und Seele einschließt, als Desinfektionsmittel und Antivirenschutz, wären also im Grunde die beste Prävention vor Seuchen und Erkrankungen jeglicher Art!

Der Mensch ist aber keine Maschine, sondern die Hardware eines geistiger Biocomputers in einer „Bewusstseinscloud", mit eigenem evolutionärem und sich stets selbsterneuerndem abwehrstarken Betriebssystem bzw. Software, das sich gegen äußere Beeinflussungen und Veränderungsabsichten anderer Programme mehr oder minder immer wehren kann!

Beispiel:

Nehmen wir einmal die Corona-Risikogruppe der „Älteren"- wobei ausdrücklich anzumerken ist, dass dies keine Verallgemeinerung ist, sondern nur zur Verdeutlichung des oben Ausgeführten dienen soll:
Wirkliche Lebendigkeit oder „Zombieleben" – Vegetieren und nur Funktionieren im genormten oder zementierten Schafsstall?
Ehepaar!- Große Zeitungsanzeige: „Diamantene oder Goldene Hochzeit"!
- Hochgelobt vom Pfarrer und Ritualbeamten als leuchtendes Beispiel – aber: Ordnung -Zucht –Sterilität! - Selbst der Abgang schon wohl geordnet!
D.h. eine Lebendigkeit, keine echte Freude -Routine– Funktionieren - Straße sauber, Garten genormt- Volksmusikveranstaltung im Fernsehen gebongt!
und was sieht man oft vielleicht dahinter schauend:
Zwei alte Menschen, die es hintergründig nur wegen einem konfessionellen Gebot: „Du sollst nicht ehebrechen", auch gesellschaftlich gefordert, nur miteinander im Mainstream „ausgehalten" und funktioniert haben, aber ihre Träume einer individuellen Selbstverwirklichung (natürlich auch in einer lebendigen Wachstumsmitte!) begraben haben!
Denn formal gesehen können sicherlich z.B. auch viele Ehen (ehern – fest und starr!) auf dem Papier existieren, die eigentlich keine mehr sind, eigentlich schon „Herzenstod" und von „Absicherungszement" erstickt!
Das „Brennen der Seele für das Leben" ist erloschen oder Zombie~ Vampirdasein" – Lebensfluss verschlammt d.h. lebendig, aber lebend gestorben?
Nichts Neues will oder kann in die „Lebenslunge" bzw. in den ebenfalls verschlammten Körper mehr eingeatmet und erfahren werden!
Ein zusätzliches immunsystemschwächendes Moment wäre noch dass das Thema „Pensionierung" oder „Abgeschobensein" – „Nicht mehr gebraucht werden", das psychisch gesehen, eine tiefe Prägung in sich trägt:
„Ich/Wir sind überflüssig–isoliert-einer lebenden Gemeinschaft nicht mehr zugehörig –nur geduldet"!
Das erhöht nachgewiesenermaßen genauso, wie der Verlust des Partners im Alter, eben die Anfälligkeit für ein unbewusstes Sterberisiko (*unbewusster Suizid!*) – Man gibt sich in mehr oder minder (un~)bewussten Resignation und damit auch mit seiner körpereigenen Abwehr auf!

Alchimistische Einsichten
Die Symbollehre von unbewussten Prozessen der Psyche

Die psychologischen Vorgänge, welche den gegenwärtigen Bewusstseinskrieg begleiten, sind die unglaublichen politischen Verwilderungen, von spaltenden Welt- und Moralanschauungen, die ein Gesetz des Dschungels oder vielmehr eines stinkenden psychischen Augiasstalls beschreiben, den nicht mal mehr Herkules als Halbgott ausmisten konnte. Er musste vielmehr die kanalisierten Kräfte des tiefen inneren göttlichen Bewusstseins, als „die Wasser des Lebens", in der Symbolik beschrieben, als die Fluten vom Fluss „Alpheios", bemühen, um den „Mist" wegzuspülen.

Es gilt also für den Menschen in diesem Sinne, diese ins Bewusstsein zu heben bzw. sich dafür zu öffnen. Dazu eignet sich besonders die Visualisierungsarbeit mit inneren Symbolen. Wenn ein Symbol, in Form eines gefühlsbeladenen Bildes, aus der Seele wirkt, dann wird es Wirklichkeit. Visualisierung verwandelt, verändert und öffnet die inneren Tore zum heilbringenden Fluss göttlicher bzw. seelischer Kräfte im Sinne von: „Nicht ich tue – sondern es geschieht durch mich."

Der Mist in diesem Stall besteht aus ungeahnter kumulierter geistiger Zerstörungswut und verzerrten Empfindungseinstellungen.

Wen wundert's dann, wenn uralter psychischer Mist, wie Uraltprogramme, die Psyche und damit auch die Schöpfung zugemüllt hat und den Zugang zur eigenen Seele und innerer Quelle endgültig verstopft!

Es zeugt von der Unfähigkeit des Menschen diesem „Giftschleim" durch eigene Selbsterkenntnis reinigenden Einhalt zu gebieten.

Es ist eine chaotische weltweite Bewusstseinswelt, die jeglichen Bezug zur inneren Quelle des Allumfassenden Göttlichen verloren hat, in der jeder Mensch als „Ebenbild" eingebettet ist!

De Mensch ist hier immer noch ein Barbar, der eines schmerzlichen „Mistschleims" bedarf, um ihn da aufzuwecken. Denn der Mensch ist immer ein Teil der Menschheit und alles was er in sich hat, trägt auch jeder andere unbewusst mit sich und vergiftet sich und sie damit und das setzt sich auch über jegliche Ahnenpyramide des Menschen fort. Was immer du dem Nächsten getan hast, tust du dir bzw. Ihm – dem Allbewussten, auch selbst an – Jeder trägt hier des anderen Last im „Großen Bewusstsein" des Weltengeistes!

Aber mit stinkenden Mängeln - wie mit dem Coronavirus - will wohl niemand konfrontiert werden!

Aber „DER WEG ZU DEN STERNEN" führt hier für den modernen Menschen primär nicht ins Weltall, sondern durch die Dunkelheit, in die tiefsten Winkel des Augiasstalles, den eigenen ekligen Mist bzw. „Mist" erkennend und ausräumen! – Corona soll dabei helfen!

Die alten Alchimisten hatten im Umgang mit ihren Symbolen, aus der Tiefe der menschlichen Psyche, sehr tiefgreifende Sichtweisen:

„Mist" ist vermeintlich etwas "Niedriges", aber auch die Rohform .eines schöpferischen Erzeugnisses des Menschen; also enthält Mist den Samen des „alchimistischen Goldes". Er ist dort das Gold - die "Prima Materia" - Das grundlegende Fruchtbare, eine umzuwandelnde umwandelbare Kraft.

Wir können die „Prima materia" als die rohen, primitiven Instinkte verstehen, die aus dem Unbewussten hervorbrechen, als die emotionalen Zwänge und Konflikte und Ängste und Leidenschaften, die jeden von uns irgendwann einmal im Leben antreiben.

Es kann aber auch das „Rohmaterial" einer Krankheit, wie die Anfälligkeit für einen Virus bis zum Krebs sein, die es nun gilt wieder in Gold zu transformieren. Eine solche „Scheißkur" wäre für all die psychopatischen Politiker sicherlich dienlich, die in der Welt und hier zurzeit herumzündeln und die Natur zerstören!

„Prima materia" ist sozusagen das Symptom, das sie alle zur Selbstanalyse bringen soll!

Was auch immer das Durcheinander ist, die Krise, die Problematik, die den einzelnen dazu führt, seine wahre Wesensnatur zu erforschen, es ist „Prima materia", die Lebenswunde, der Lebenskonflikt, als globale Informationsverdichtung, besonders im „Coronavirus"!

Extrem gesehen, ist zum Beispiel der spaltende dogmatische "Wahnsinn" von entsprechenden Politikern und Konfessions-fürsten eine „Heilige Kraft" im Gefängnis, die nur umgewandelt werden muss, in Erkenntnis! , die es nun gilt wieder in "Gold" = psychisch Veredeltes für die Verbundenheit Menschheit und die Schöpfung zu transformieren.

Eines der häufigsten alchimistischen Traum-Symbole ist „Mist"- zugegebenermaßen ein peinliches Gesprächsthema, aber oft kündigt dieser die Konfrontation eines bisher unentwickelten und unbewussten Aspektes oder Themenbereich, im Träumer an.

Toilettenträume sind äußerst verbreitet, besonders der Traum, in dem man versucht, eine Toilette zu finden, um den Darm entleeren zu können, aber es gibt kein Klo, oder es ist bereits von fünfzehn Leuten bzw. der Menschheit besetzt, oder die Spülung funktioniert nicht, oder tritt voll hinein usw.

Wenn man daran geht, mit den persönlichen Bedeutungsinhalten solcher Träume zu arbeiten, stößt man auf alle möglichen Gefühle der Scham, Peinlichkeit, Verwundbarkeit und Schuld, die einen geradewegs zu einer Konfrontation mit den Schattenaspekten der Persönlichkeit führen, die zu durchlichten, sprich in Gold zu verwandeln sind!

Betrachten wir also solche Träume aus der Perspektive der Alchimie, dann können wir in der Mist eine Potentialität finden, die Ankündigung von etwas Kommendem, den Beginn eines wachstumsfördernden Prozesses und wir dürfen da auch nicht vergessen, dass es ohne "Mist" keine Feldfrüchte etc. gäbe.

Ist das Leben eigentlich nicht auch nur ein (göttlicher)Traum?

Also: Der Mist steht immer am Anfang des Opus, einer notwendigen neuen Entwicklung und nicht in unzufallender Weise "scheißt der Teufel immer auf den größten Haufen"!

An dessen Ende steht Lapis, der lateinische Begriff für „Stein". An manchen Stellen wird der Stein „Gold" genannt, aber alchimistische Texte sagen immer wieder, dass ihr Gold nicht das gewöhnliche Gold sei.

Nur eine Gemeinsamkeit verbindet all diese unterschiedlichen Darstellungen des Lapis:

Aus der Prima materia, dem Ausgangsstoff der „Mist" - als Opus, muss etwas ‚Heil'-iges – Geheiltes" extrahiert werden, und soll so in der göttlichen Ordnung wachsen!

Nur ungewandelte, blockierte Kraft verwüstet, vergiftet, zerstört. Kräfte sind nur zerstörerisch, wenn sie nicht am angemessenen Platze sind. So gibt es auch nichts Böses! - Es gibt nur noch nicht erkannte Aufgabe und Sinn! Das „Böse" ist dabei ein Stau des Lebensflusses, das im Gleichgewicht des Lebensnetzes „fließen" wollende!

Nimm das „Böse" auf und verwandle es in Fließendes durch blickende Selbsterkenntnis! Es wird dann zur natürlichen Bewegung, die sich von selbst ergibt. Darum ist die Umgestaltung des Alten (d.h. des Maroden, Verschlammten) auch ganz leicht. Altes wird abgeschafft. Neues wird eingeführt, beides entspricht der Zeit und bringt daher keinen Schaden! (I GING)

Es gibt nichts Schlechtes, es gibt nur umzuwandelnde Kraft!

Also:

Aus Mist oder durch den „Coronamist" gehen, bedeutet immer:

Gold machen aus dem Mist! -Wohl bekomms!

Worin besteht nun der Coronamist:

"Corona"
Final Countdown oder Auferstehung?

Seine Botschaft:

Es gilt Abschied zu nehmen von dem fehlübersetzten und missverstandenen biblischen Gebot: „Machet euch die Erde untertan". Vielmehr gilt es nach einem alten neuen Codex zu leben, der lauten müsste: „Bettet euch ein, in die Regeln der Erde"!

Mit dem Brennen der grünen Lunge der Erde war eine Apokalypse eingeläutet. Lieber diskutiert aber die Welt über den Co^2 Ausstoß von einer fachlich inkompetenten Symbolfigur Greta Thunberg beim Segeln für einen werbeträchtigen „Großmogul"!

Es ist alles ein Spiegel, als Gipfelpunkt menschlicher Verblendung, in denen destruktive Ideologien sich jetzt im politischen Handeln mit raufenden psychopathischen Politikern zu einer Killerwelle von kollektivem Hass und Zerstörung von menschlicher Verbundenheit aufgeschaukelt haben.

Sie gleichen den „Apokalyptischen Reitern", die ungeniert unheilbringend, „zündeln", die Menschheit noch mehr spalten und untereinander trennen. Ihr bröckeliger G7/UNO Turmbau zu „Babylon" wird nur noch durch Drohungen, ökonomische Machtinteressen und Militär zusammen gehalten. Der Mensch entlarvt sich als die Spezies mit Tyrannosauriergehirn und nicht als „Krone der Schöpfung" geschweige denn als „Homo sapiens"!

Sie verehren in allen Konfessionen „Gott", aber kreuzigen seine sichtbare Schöpfung, in der „ES" sich doch als konturierter „verdichteter Geist" manifestiert!
Das Paradoxe ist doch dabei, im höchsten technischen Fortschritt, dass sie dabei den geistigen Holocaust nicht wahrnehmen wollen und den Bund mit dem symbolischen biblischen „Regenbogen" gekündigt hatten.

Wir haben eine globale ethische Bankrotterklärung jetzt im Sichtbaren und die „brodelt" immer schmerzlicher in ihren psychisch degenerativen ökonomischen, ökologischen und epidemischen Katastrophen mit der Botschaft: „Kehret um"!

Wir sollten schnellstens jetzt jene Symbolbotschaften, zur Umkehr durchblicken, sonst droht nicht nur die Sint- sondern die Feuersflut! – mit dem zunehmenden menschlichen Holocaust, wo aus der „Büchse Pandoras", nach Corona, nur noch mehr oder eines übrig bleibt: „Fragwürdige „Hoffnung"!

Wenn wir weiterhin denken, was wir immer gedacht und gefühlt haben und so handeln, wie wir immer gehandelt haben, mit denselben Strategien, werden wir weiterhin das erschaffen, was wir immer erschaffen haben.

Eine Weltverbesserung auf jeder Ebene entsteht aber nicht aus ständig wirtschaftlichem Wachstum, sondern aus menschlichem verfeinerten und differenziertem „Bewusstseins"-haltungen von Verbundenheit und Kooperationen. Eine wichtige Aufgabe von Systemen jeglicher Art sollte es dabei sein, dem Menschen in verbindenden Sozialsystemen immer auch Möglichkeiten, zu mehr persönlicher selbstbestimmter Entwicklung zu verschaffen.

So wie die Technik immer größere Möglichkeiten erschafft, in unbegrenzte Weiten des Weltalls vor zu stoßen, sollten wir uns die notwendige Präferenz bewusst machen, die Tiefen der menschlichen Psyche, mit ihre allumfassenden Verbundenheit zu erschließen. Denn dort sind wir in der Masse auf einem Steinzeitniveau stehen geblieben, uns selbst mehr nicht verstehen könnend, mit unseren gefräßigen retardierten Dinosauriergehirnen.

Wir müssen den Menschen die Gelegenheit geben, über sich selbst bewusster werdend, hinaus zu wachsen, ihre seelische Lebensaufgabe und Lebensqualität zu finden, nicht nur Lebensstandard.

Dies gilt auch in Unternehmen und für das gesamte Sozialsystem zu verwirklichen, um starke psychische Gesundheit für ein gesundes körperliches Immunsystem in einer Erhaltergesellschaft zu ermöglichen.

Dabei gilt es auch „Arbeit" als Substanz eines persönlichen Entwicklungsprozesses sehen, der Berufung und Sinnhaftigkeit und Achtung für Menschen durch würdige Lebensgrundlagen sichernde Entlohnung darstellt und die Projekte, auch als Mosaiksteine für einen „irdischen Tempel" der Verbundenheit ansieht.
Wir sind so aufgefordert, auch politisch, Unternehmen neu zu definieren, nicht mehr nur als Produktionsstätte, für Produkte und Dienstleistungen, für krebsartige Gewinnmaximierung und Provisionsstreben, als wachstumsorientierte Institutionen, nicht mehr als Selbsterhaltungsdinosaurier als, oder für Reiche zu pflegen, sondern als lebendige Orte für alle Menschen.
(„In einem gut regierten Land ist Armut eine Schande, in einem schlecht regierten Reichtum" - Konfuzius!)

Das bestehende selbstzerstörerische, einseitig auf Wachstum und Ausbeutung von Rohstoffen ausgerichtete Finanzsystem darf nicht mehr nur auf Wachstum getrimmt werden. Solche einseitigen Denk- und Handlungsweisen kennt die Natur auch nicht. Hier, als auch im menschlichen Körper, werden Faktoren nie maximiert, sondern in einem ausgewogenen Gleichgewicht, zugunsten eines gesamten ökologischen Systems gehalten. Eine neue Finanz- und Gesellschaftsordnung muss damit dringend zugunsten von Mensch und Natur jetzt zu allererst wieder daran interessiert sein, sich auch in die Natur dieses Planeten einzupassen und diese wieder freizusetzen, anstatt zu versuchen, sie zu beherrschen. Es gilt also nicht sich die Erde „untertan" zu machen, sondern sich den „Regeln der Erde" zu unterwerfen – d.h. anzuerkennen!

Wenn wir also etwas Besseres und etwas Schöneres und Gesundes haben wollen, müssen wir und alle Staaten unter dem geschundenen Begriff „Völkergemeinschaft" ganzheitlicher, übergreifender und im Sinne von Verbundenheit qualitativ und nicht quantitativ denken und fühlen.

Die Frage ist immer nur, wie der Mensch damit umgeht und was er auslöst, im großen Rahmen einer psychisch - seelischen Wirklichkeit! - sprich im großen Meer des „Allbewussten", von dem wir alle ja nur kleine Inseln bzw. Küsten sehen!
Rufen wir hier Geister, die wir nur schwer loswerden können, oder dient es der Verbundenheit des „Großen Weltengeistes"?

Es ist immer eine Frage, der Bewusstheit des Menschen in seinen Freiheitsgraden und schmerzliche Informationsverdichtungen, in Form von Epidemien und Pandemien. werden ihn darauf in der herrschenden Zeitqualität mehr und mehr hinweisen, wo das Fließgleichgewicht des Göttlichen bzw. Natur gestört wurde. Es ist nämlich alles ein lebendiges Universum, das eine fließende und sich weiterentwickelnde Ordnung aufweist!

Die Natur bzw. dieses „Allumfassende Bewusstseinsfeld" – Gott - kennt auch keine ausschließliche Ausrichtung auf Überlebensstrategien! - Das wäre ausschließliches darwinistisches Prinzip, eines „Rechts des Stärkeren", aber sie lebt eine vielfältige vorgegebene lebenswichtige Vernetzung:

- Vom Einfachen zum Komplexen - zur Vielfalt, die sich ergänzt und zusammenwirkt und sich auch evolutionären Entwicklungen und verfeinerten Ideen anpasst.

- Es ist von einem spirituellen Sinn und Plan durchdrungen, statt bloßer materialistischer Muster, denn es lebt vom gegenseitigen Informationsaustausch und bildet aufbauende, vernetzte Strukturen!

- Das Universum ist auf Wachstum und Differenzierung angelegt d.h. seine Organisationsmuster und Ästhetik verbinden sich! Sie organisieren sich und sind auf Symmetrien ausgerichtet. Bricht ein ökologisches Muster auf, wenn die Verbundenheit gestört wird, dann wird jegliche bisherige Qualität oder Störung vernichtet und es ist immer bemüht, neue bereichernde Verknüpfungen zu bilden!

- Die Evolution des Geistes bildet ordnungsübergreifende Muster in harmonischen nachweisbaren geometrischen und mathematischen Relationen.

Die Evolution gehorcht also wirklich geistig sinngebenden Strukturen eines bewussten Schöpfungsprinzips, das wir Gott (germ. Alles, was ist!) – als allumfassendes Bewusstseinsfeld (Kosmos! = Ordnung oder Universum! = Gesamtes!) nennen!

- Einseitige zementierte Denk- und Handlungsweisen kennt diese „Göttliche Ordnung" nicht. Sie liebt Ordnung in Mustern und Ökologie aber im Sinne einer Entwicklung gilt da auch:

„Alte Tafelanschriften müssen öfters gelöscht werden, bevor und damit Neues entstehen kann"!

- In der Natur, als auch im menschlichen Körper werden Faktoren nie maximiert, sondern in einem ausgewogenen Gleichgewicht zugunsten eines gesamten ökologischen Systems gehalten. Es kennt nur Fließgleichgewichte! (z.B. ohne Biene kein Mensch oder Pflanze und ohne diese gibt es keine Biene!)

- Die gesamte Schöpfung ist so nie auf Maximierung von einzelnen Variablen ausgelegt, sprich „Fressen und Gefressen" werden mit dem Recht des Stärkeren, sondern auf Vielfalt und Ergänzung!

Der zwingende Umkehrschluss wäre folgender:

In der Natur bzw. Schöpfung gibt es und geschieht nichts „Sinnloses oder Zufälliges"! – auch nicht ein pandemischer Virus! Alles ist aufeinander bezogen und versucht Fließgleichgewichte zu korrigieren, zu erhalten und neue daraus zu entwickeln, in folgendem Sinne:
Viren sind die materialisierte Form unserer eigenen lebensverneinenden Einstellungen und Lebensweisen. Es sind die globalen Lehrer unserer Psyche, im Auftrag der Seele, Ausdruck des allumfassenden Bewusstseinsfeldes!

Es sind die Stolpersteine, die uns zum Nachdenken oder zur teilweisen Umkehr zwingen. Wann bedanken wir uns bei ihnen für ihre Lernimpulse, anstatt sie nur mit ständig neuen Antibiotika (anti-bios = gegen das Leben) bekämpfen zu lassen? Wann wählen wir statt nur ausschließlich vorbeugender Impfungen und/oder abwehrsteigernder Medikamente den Weg des bewussten Lebens? Wann trainieren wir unsere körperlichen Abwehrorgane mit seelisch-geistigen Methoden, indem wir uns aktiv für ein menschenwürdiges Leben in einer heilen Umgebung einsetzen, anstatt unsere physischen und psychischen Kräfte nur sinnlos gegen die fortschreitende Zerstörung allen Lebens zu zersplittern?

Dieser Selbsterkenntniskampf findet zuerst in jedem Einzelnen statt, bis seine Heilungsenergie über Selbstheilungsprozesse nach außen „überfließen" und so auch den Nächsten und die Natur erreichen können. Eingehüllt, in diese eigene „Seelenverbundenheit" hätten z.B. keine Coronaviren mehr Macht und Pseudohilfen durch Medikamente würden zunehmend überflüssig. Wir hätten den Kampf dann durch vorbeugende Psychohygiene vermieden, nicht gegen die Viren, sondern für unser Leben, als „Eingebettete", im Fließgleichgewicht der Schöpfung - im Lebensnetz!

Unsere übersteigerten naturfremden rationellen Gedanken sind eben da Ansichten, die sich aber gegen Verbundenheit und Respekt gegen das Lebensnetz und Menschen richten. Sie spalten, statt zu vereinen, in übergreifenden Sichtweisen!

Das Leben ist Natur, aber sicherlich oftmals nicht das künstliche Leben, das über einseitige Gedanken von der Natur gedacht wird. Schon eine herbei gedachte, sowie erschaffene Genmanipulation, ist im Prinzip eigentlich eine Verfälschung des ursprünglichen Lebensgedankens der "Natur!"

Unsere theologischen oder ideologische (extremistische~) Gedankengebäude in den Menschen sind dabei vorrangig natur- und geistesfremde verhärtete Dogmen und Ansichten über das Leben.

Sie machen die Liebe, sprich Verbundenheit, von „Allem, was ist", zur Hure von gesellschaftlichen und politisch zementierten Moral- und Ideologievorstellungen.

Sie verbieten da auch noch wachstumsfördernde vielseitige Beziehungen (Abwertung der Frau/ Homosexualität etc.) die da nicht „hinein- passen" und vergewaltigen Empathie und Mitgefühl, also die gesundheitserhaltende Gefühlsfunktionen und seelischen Anlagen, im Menschen schlechthin, besonders in der Arbeitswelt

Es sind quasi Schlussfolgerungen, die einer Landkarte vom Leben genügen, aber nicht der Landschaft selbst. Sie schauen auf den See des Lebens, aber nicht hinein!

So führen unsere menschlichen Ansichten zur größten un-„Natür"- lichen Bewusstseinsverengung, neben Konfessionen und Ideologien und die größten Anzeichen von Bewusstseinsverengung sind die, wenn Menschen sich extrem eben, auf lebensnetzfremde zementierte Standpunkte stellen!

Solche Gedankengebäude Ethik können aber nur funktionieren, wenn sie im Einklang mit Denken, Fühlen, Intuition und Handeln, Grundregeln im Sinne der inneren normativen Quelle (Gott!) aufstellen. Aus dieser erst kommt wirkliche Empathie mit verbindender Schöpferkraft, die nichts mit einer menschlich begrenzten konfessionelle Moral zu tun hat, sondern eine sinnvolle Art der Verbundenheit, auch gegenüber der Schöpfung regelt.
Das erst wäre „Religio", als wirkliche Rück- bzw. Verbindung, zum eigenen Göttlichen als die Heilungskraft, im Menschen.

(Vgl. Jesus: "Das Königreich ist inwendig in Euch" - "Wenn ihr Glaube hättet, wie ein Senfkorn, dann würdet ihr zu dem Berg sagen, stürze dich ins Meer" - und das alles könnt ihr auch und noch viel mehr! ...Mt. 13,31–32)

Alle Menschen sollten eigentlich da einmal sinngemäß die Ringparabel von Lessings „Nathan der Weise" lesen, und sich dann einmal fragen:

An welchen Früchten könnt ihr wahre göttliche Verbundenheit erkennen d.h. was kommt von unserer Lehre?

Hebt sie hoch! - Drückt sie runter! –Macht sie Angst! - Schafft sie Verbundenheit - Grenzt sie aus? - Unterdrückt sie mit Schuld, Drohung vor Sünde und Höllenverdammnis krankheitsfördernde Prägungen, unter Verdammung des eigenen Lebenswillen?

oder:

Gibt sie Hohen Mut und Zuversicht sowie Vertrauen ins eigene Leben!

- und sich dann an ihren gemeinsamen Jesus etc. zu erinnern, dass eine rechte Lehre die Eigenschaft habe, den Träger bei allen anderen Menschen beliebt zu machen. Wenn aber dieser Effekt bei keinem der drei eingetreten sei, dann könne das wohl nur heißen, dass der echte Ring verloren gegangen sei. Ihr Vater habe alle drei gleich gern gehabt und es deshalb nicht ertragen können, einen von ihnen zu begünstigen und die beiden anderen zu kränken. Wenn einer der Ringe der echte sei, dann werde sich dies in der Zukunft an der ihm nachgesagten Wirkung zeigen.

Jeder Ringträger solle sich also bemühen, diese Wirkung für sich herbei zu führen!

Wenn aber der Bezug zu der inneren Quelle der göttlichen Ordnung mit ihrem Bestreben nach Verbundenheit, mit allem was ist, durch Gedankengebäude von Ethik bzw. Moral ersetzt wird, was mangelndes Bewusstsein für das Innere bedeutet, dann wirkt sich das verheerend aus, weil es nur noch um äußere "ausgedachte gedankliche Macht mit Regeln und Normen und Tabus auch gegen die Natur geht, aber deren Sinnhaftigkeit verloren ist!

So hat sich der Mensch, mit seinen angeblichen „vernünftigen" und konfessionellen Gedanken, aufgeschwungen zum vermeintlichen:

- Herrscher über große Bereiche der Natur!
- Meister in technischen Errungenschaften
- Machtvoll als Eroberer des Weltalls, der Lüfte, des Meeres und des Landes
- Er ist ein Faust`scher Manipulator der Natur - Meister des analytischen Verstandes und in allem, was „Wissen" - schafft! – aber nicht zur Weisheit verdaut wurde!

So ist der Mensch selbst zum tödlichen „Coronavirus" gegen die Natur mutiert und bezeichnet sich noch in seiner Verblendung noch als „C"rone der Schöpfung.
Nur! - Der Coronavirus zeigt erneut, wie viele andere Epidemien vorher: „Stets steht er auf tönernen zerbrechlichen Füßen damit!"

Beispiel: Setzen wir einmal den „Borkenkäfer" anstelle des Coronavirus!

Er wirkt als großflächiger Baumzerstörer und ist damit auch Teil der Schädigung der grünen Lunge der Erde, neben dem gefährdeten Amazonas-Regenwald. Aber dieser Käfer gehört auch zur Schöpfung, um lediglich angemessen, einzelne kranke Bäume zu eliminieren. Aber er richtet jetzt verheerende Baumschäden an! – Warum so zunehmend?
Seine zunehmenden Populationen sind im Grunde nur das Symptom einer ökologieschädlichen Bewusstseinseinstellung der Menschen mit ihren Monokulturen und selbst verursachter Klimakatastrophe, durch ihre schädliche Abgaserzeugung, die durch die Erderwärmung und den damit verbundenen Wassermangel und Dürrekatastrophen die Bäume schwächt und den Borkenkäfer stärkt. Das Fließgleichgewicht der Natur - der Schöpfung- ist gestört und sie fordert hier eindringlich zur ökologischen Umkehr auf, mit dem Leitsatz: „Unterwerft euch den Regeln der Erde" bzw. bettet euch darin ein und lasst eure falsche biblische Übersetzung los, die da heißt: „Machet euch die Erde untertan"!
Es gilt also nicht das Symptom letztendlich zu bekämpfen, sondern die Ursache, die im menschlichen Kollektivhandeln begründet ist! Hier gäbe es auch den Grundsatz wieder zu beachten:

„Stärke das Gesunde und bekämpfe nicht das Kranke"!

Er will den „Körper" der Erde besitzen und zerstört sie mit Gedanken, Tun und Handeln!

Machtlos dann im Außen! – in seiner Hybris des Äußerlichen, Materiellen, unter Vernachlässigung des Inneren, der Verbundenheit mit dem weiblichen Pol, des (Mit~)Gefühls, muss er erkennen, dass er in seinem männlichen Verhalten der Weiblichkeit der Erde mit ihren Geschöpfen keine Gewalt antun kann, ohne sich selbst zu verletzen!

So wie die Technik durch angebliche Wissenschaft immer größere Möglichkeiten erschafft, in unbegrenzte Weiten des Weltalls vor zu stoßen, sollten wir uns die notwendige Präferenz bewusst machen, die Tiefen der menschlichen Psyche mit ihre allumfassenden Verbundenheit zu erschließen, denn dort sind wir in der Masse auf dem Steinzeitniveau stehen geblieben, uns selbst eigentlich nicht tiefer mehr verstehen könnend.

Die heutige Wissenschaft betrachtet hier gleichnishaft eine Apfelsine oft nur durch das Hineinbohren in Kapillaren und Poren, die hineingehen in die Frucht und hat da wie ein Höhlenforscher geforscht, anstatt sie aber zur Gänze zu sehen, auch in Verbindung mit ihrem Baum, ihrer Umwelt, ihre Einbindung in das Ganze!

Es ist oft das Betrachten eines Aspektes, in der Gegensätzlichkeit einer selbst geschaffenen und begrenzten Wirklichkeit. Aus den schmerzlichen schädigenden Erfahrungen mit Glyphosat, DDT, Contergan und einseitiger Genmanipulation und dem progressiv zunehmenden Bienensterben, hat sie wohl nicht viel gelernt!

Das Ganze hat nichts mit dem Recht des Stärkeren zu tun, sondern ist für das ganze Lebensnetz schädigend gemäß dem Spruch:

> „Was immer du dem Nächsten – der Natur hast getan,
> hast du mir, dem „Alles, was ist" getan!" *(Vgl. Mt. 25,40)*

Der Mensch will nicht erkennen, dass er immer auch „nur" ein Samen des Geistes, eingebettete in die Schöpfung ist. Er meint immer noch selbstbestimmender Gebärende(r) zu sein. Doch „Er" ist es, der ihn gebar.

Der Mensch ist, wie alles, in seiner Schöpfung ein wachgeküsstes Potential des Großen Geistes. „Er" erschafft sich in ihm und nicht von außen. Es kann nichts „Eins" mit ihm sein, ohne „Er" zu sein.

Wenn er also als Mensch den Sternenhimmel ständig durch den Strohhalm des Verstandes betrachtet, wird er immer nur einzelne zusammenhanglose Sterne sehen können.

Beginnt er aber diese Strohhalmbüschel des Verstandes zu relativieren, indem er Intuition und Gefühl einbezieht, beginnt er mehr und mehr die ganze Pracht des Welt -"Alles" zu erkennen!
So gibt er dem Weltengeist in ihm Raum, sein Unbegrenztes durch ihn fließen zu lassen, in seinem Sinne zu leben und zu handeln!

Also! - ein geistiges Wesen ist der Mensch immer, ob es ihm nun bewusst ist oder wird, ist eine andere Sache!
(Vgl. Mt. 28, 20 -„Siehe ich bin bei euch alle Tage, bis ans Ende der Welt!")

Reinigt er dabei seine innere Quelle seines Geistes vom verstopfenden „Giftschleim", seiner begrenzten Überzeugungen und Einstellungsempfindungen, dann tritt sie mehr und mehr, als "Unbeflecktes" bzw. „Rein" zutage, das sich dann nicht mehr als Virus etc. darstellen muss! – sondern als fließende Kraft und desto mehr gibt er dem „Großen Geist" in jedem Menschen - in der Menschheit - Raum, sein Potential, für deine „höchste Version" von ihm, seine verbindenden Absichten, auch in Zusammenhang mit der Natur, durch den Menschen fließen und sich manifestieren zu lassen.

In der Natur geschieht nichts vereinzelt. Jedes wirkt aufs andere und umgekehrt, und es ist meist das Vergessen dieser allseitigen Bewegung und Wechselwirkung, das unsere Naturforscher verhindert, in den einfachsten Dingen klar zu sehen. *(Friedrich Engels)*

Die Coronabotschaft
Alles ist eine Anschauungsform des Göttlichen!

„Die Natur ist der unorganische Leib des Menschen, nämlich die Natur, soweit sie nicht selbst menschlicher Körper ist. „Der Mensch von der Natur" heißt: Die Natur ist sein Leib, mit dem er in beständigem Prozess bleiben muss, um nicht zu sterben. Dass das physische und geistige Leben des Menschen mit der Natur zusammenhängt, hat keinen anderen Sinn, als dass die Natur mit sich selbst zusammenhängt, denn der Mensch ist ein (sinngem: *eingebetteter~*) Teil der Natur." (*Karl Marx: Philosophische Schriften*)

Siehe und erkenne, würde „Corona" dem Menschen sagen:

Ich bin doch nur der Spiegel von dem was ihr selbst seid. Ihr bringt mit Hilfe von Maschinen und giftigstem Chemieschleim die schwersten Seuchen gegenüber der Natur und euch selbst hervor:

„Ich bin eine „CO"-rrection of „R"-estriktive „O"-ffensive „N"-ature „A"-buses"!

Sinngemäß heißt das auf Deutsch:

„Corona" ist „eine notwendige Korrekturaufforderung von eingeschränkten Bewusstseinshaltungen, welche die „Natur" – sprich Schöpfung" - missbraucht!"

Als **Covid 19** stehe ich „zufällig! - symbolhaft für die Formel:

„Vid"- ere – lateinisch „sehen" - die „Co"- nnection in Verbindung mit der symbolischen Zahl „19":
„Eins" und die „Null" als „10"ist die Zahl der Einheit, mit Gott und „Eins" ist das Geschöpf aus Gott, der „Null" geboren, aber voll eingebettet, in Gott, als nicht individualisiertes, sich nicht konturiert darstellen könnendes in der „0" (*aber Symbol der höchsten Potenz!*)*

(*Vgl: **„Die Kabbala"** als die „symbolpsychologische Bedeutungslehre" der Zahlen und Buchstaben)

Aber du/jeder Mensch, als sein offenbartes individualisiertes „Sein" – in der „Eins" – ist voll eingebettet, auch wie ein Wassertropfen („1") bzw. Welle - in das unendliche formlose Meer „0"!

Die Zahl „9" symbolisiert hier die symbolische Spirale, als Symbol einer Aufforderung, zur ständigen Neuwerdung und Wachstum bzw. Evolution des Geistigen im „Abstieg" in die Welt der Formen!

So hattet ihr Menschen, als Wassertropfen im Meer, dem Ozean, nicht mehr fühlen und erfahren wollen, dass Gott, das Meer, auch in euch ist.

Wenn diese „Eins" nun sagt:

„Ich alleine will über meine Seelenkräfte und Gott und damit über die Schöpfung herrschen", dann ergibt das eine künstliche Trennwand: „Zwei, Dualität, Zweiheit, Verzweiflung, Zwietracht" die ich, als der symbolische Teufel als Coronadarstellung spiegele!

Wenn nun aus dieser Zwietracht das Erkennen kommt - das Erkennen kommt nämlich oft nur durch das Leid der Ver-„zwei"-flung, dann will das Geschöpf wieder zurück in die Einheit.

„Zwei, Dualität, minus Ego ergibt Gott" – der Himmel –das Paradies! Aber das kann erst geschehen, wenn ihr euch wieder mit euch selbst und mit der Schöpfung in Einklang und in die Ordnung bringt!

Die Aufforderung heißt also in der Zahl „19" in diesem Sinne:

Geistiges Wachstum, Entfaltung als Mensch (1) und Gott (0) - und aus der Einheit betrachtet: „10" - Erkenne dich selbst in Erfahrung im Einklang mit dem göttlichen Willen, der mit der „9" zur Entwicklung auffordert „19"! („theosophische Addition" genannt!)*

(*Vgl dazu: Axel Englert „Kabbalistische Quantentheraphie" BoD Verlag)

33

Da geht es nun auch um die Lebensfrage, welche die Menschheit, jetzt auf sich selbst existentiell auf sich zurückgeworfen, erkennen soll:

Ewiger oberflächlich gefräßiger und barbarischer egozentrierter Komfortraum oder neues erfülltes eigenbestimmtes erfüllendes Leben und Lebendigkeit, die der große Weltengeist als „Höchste Version" seiner Schöpfung als Fließgleichgewicht beabsichtigt? Jede Zelle des Körpers agiert im Sinne einer „Weisheit", der seelischen Planvorlage, die das Teilen beherrscht und das Wohlergehen und auch die Achtung vor anderen Zellen mit einbezieht, ebenso alle Organe, die wiederum aus Zellen bestehen!

Wenn man sich irgendwo am Körper (Menschheit) schneidet, strömen sofort Zellen (Bewohner) zu der verletzten Stelle, um den Schaden reparieren, zu heilen und ein Fließgleichgewicht Sinne von Wohlergehen herzustellen, sehr wohl wissend, dass das Wohlergehen, unter Beseitigung eines Mangels, alle betrifft.

Jedes Organ und Zelle „denkt" nicht, dass es "profitabel" ist, sich auf Kosten anderer zu bereichern und die Arbeit anderer Organe und Zellen gering zu schätzen und zu vernachlässigen! Sie finden es nicht akzeptabel, wenn sie gewinnen und ein anderer nur im Mangel lebt. Insbesonders ist es für sie nicht andauernd tragbar, wenn ein alleiniges Profitstreben bewirkt, dass andere Verlust erleiden bzw. „abgewertet" bzw. ausgenutzt werden.

In ihrer Weisheit der Verbundenheit profitiert ein Einzelner nur, wenn alle profitieren und besonders die „Großkopferten", sprich die Organe, geben ihren Zellen höchsten Wert für ihr Überleben, weil sie ihre gegenseitige Bedingtheit erkennen und mit Respekt für ihr eigenes Überleben achten müssen. Diese, an sich funktionierende psychische „Zivilisation", würde auch darauf achten, mitfühlend über allgemeine Einsichten, daraufhin hinzuwirken, dass es zu keiner überbordenden Bevölkerungsexplosion kommt, ähnlich einem zerstörerischem Krebsgeschwür, das sich dann beginnt, als ein „Zellwuchern" ohne Sinn zu zeigen!

Aber unsere Gesellschaftsorgane mit ihren menschlichen Zellkörpern handeln in einem pathologischen Mangelbewusstsein, anstatt sich diese Einsicht zum Wohle aller zu eigen machen. Sie sind nur in begrenztem Umfang bereit zu teilen, in dem Glauben, es sei nicht genug für alle da und unterliegen noch einem krebsartigen Wachstumswahn!

Wenn es regnet, hält man doch nicht den Regenschirm nur über seinen Kopf und sagt zu seinem Partner oder Kindern: „Ich habe nur einen Schirm. Seht zu, wo ihr bleibt! – oder kauft welche".
Man wird auch nie ein Familiengericht alleine essen, den Partner oder Kinder zuschauen lassen und zu ihnen sagen: *„Dieses Essen schmeckt mir, und deshalb esse ich es allein auf. Besorgt euch selbst was, aber ich lasse euch halt einen Löffel Soße übrig, auch auf die Gefahr des Verhungerns hin"!*

Das wäre ein Handeln, wie ein hungriger Magen, mit seiner Raffgier, unterstützt vom (Staats~) Gehirn mit mangelnder Verteilungsgerechtigkeit lebt, wie es ihm gefällt, bis alle anderen Organe schließlich verhungern oder dagegen protestieren und der habgierige Magen gar nicht registrieren will, dass er damit ebenfalls zugrunde geht.

Wenn es also die Familie oder geliebte Menschen betrifft, versteht man sehr gut, was es bedeutet, nicht zu teilen und nur an sich selbst zu denken. Das Problem besteht nun paradoxerweise darin, dass sie alle anderen, besonders in (konfessionellen~) Ideologien, nicht als liebens- und zuwendungswürdig betrachten.

Was hält uns als Menschen davon ab, diese offensichtliche Wahrheit zu erkennen und das Teilen, Pflegen und nicht das Besitzen so zum Prinzip zu erheben, dass jeder im gesamten Menschheitskörper sich geliebt und geachtet fühlen kann?
Dann geht's so, wie dem Zellkörper, wie auch dem Gesellschaftskörper, auch gut, denn es ist doch genug für alle da, in einer solchen kooperativen „Erhaltergesellschaft".

Der/ Die Menschen– eine Gesellschaft, können da Krankheiten im Prinzip nur bekommen, oder Epidemien erleiden, wenn sie als Korrektur, eben aus dem Leid einer schmerzhaften Situationsverdichtung, die letztendlich vorher eine innere Einsicht nie zugelassen hat - gebraucht werden und für eine Heilung gilt da:

"Stärke das Gesunde und verhüte Krankheiten
und bekämpfe nicht nur das Kranke!"

Jedes körperliche Symptom verweist auf einen Konflikt zwischen der Weisheit deiner Seele, der Liebe in deinem Herzen und dem, was du in deinem Hier und Jetzt erschaffen hast"

Ich, der Coronavirus, bin dabei ein Symbol der Aufforderung zur dringenden Überwindung und Aufweichung von Gegensätzlichkeiten zwischen blockierter, auch innerer Individualität und betonierter seelenferner Politik.

Ich will Grenzen abbauen, weich machen, neue schwingende Verbundenheit unter euch, den individuellen göttlichen Wellen (*Menschen*)- mit dem allumfassenden Ozean (*Gott*)- wieder erzeugen.

Natürlich verläuft bei vielen, besonders jüngeren Menschen meine Infektion unbemerkt, weil ihr Immunsystem des Körpers sich sehr leicht darauf einstellen kann, wenn oben genannte Thematik nicht gravierend "eingebläut" ist!

Auch verläuft sie ja bei den meisten Menschen relativ "harmlos" oder wenn kritisch, weil sie in sich ebenfalls die zerstörerischen psychischen Grundprogamme, mehr oder weniger geprägt, seit Kindheitstagen mit sich tragen, wie alter Schimmel (~Giftschleim = Virus!) in Großmutters Mehlkiste!

Sinnhafte Arbeit als Selbstverwirklichung spielt dabei eine große Rolle:

Da spielen viele Faktoren mit, die bedingt sind durch Entwicklungsstand, Anlagen und Fremdprägungen, die in den Menschen schon als Kind eingebracht wurden. Da lebt jemand seine Anlagen als sinnhaften Beruf und wird trotzdem nicht glücklich damit, ja sogar depressiv oder mit Burn-(Bore)~out, weil geprägte krankmachende, stressige Fremdantreiber z.b. der Eltern, Konfessionen unter Strafandrohungen dahinterstecken, wie:

„Mach's uns recht!" – „Sei perfekt!" – „Aus dir wird sowieso nichts!" –„Das Leben ist hart!" – „Ordne dich unter – Passe dich an! "Du bist unerwünscht!" oder "Geld stinkt" oder stecken im Muster fest: „ Jesus!- Du hast du gelitten –„Ich leide mit dir" oder „Ich tu's für dich!"- „Ich opfere mich auf – um vielleicht noch meinen Erb~ Sünden zu entkommen u.v.m.

Unsere Gesellschaft und Regierung bezahlt mit Millionen an Kirchensteuern Priester, die als Seelsorger und Seelenführer doch eigentlich die größte Gesundheitsprävention sein sollen, indem sie sie gesundheitsfördernd Sehnsucht nach Halt, Zuversicht und Hohen Mut, Geborgenheit und Sicherheit im suchenden Menschen, durch lebendige Religio als erfahrbare Mystik, mit dem gefühlten Brennen für das eigene Leben, anleiten und wecken sollten!

Aber sie bleiben auf ihrem irrigen Standpunkt, dass ihre Kirche auf einem (Beton~) felsen gut steht, anstatt diese aus dem Felsen in ständiger geeigneter Form heraus zu modellieren als ständigen schöpferischen Feuerprozess oder Leuchtturm für den Menschen! Sie überlassen das als Ritualbeamte, den Menschen als Erbsündigen mit Höllenfeuerdrohungen noch steinigend, Ersatzpriestern und Pharisäern, wie Drogenbossen, Werbe- & Glamoursternchen, für die gerade suchende Menschen Milliarden ausgeben um diese Sehnsucht von außen mit einer Ersatzreligion mit ihren Erlkönigbildern gestillt zu bekommen!

Es kommt weiter darauf an, was man unter gesunder Arbeit und lebendiger Verwirklichung versteht!

Natürlich, bloße Arbeit ist nicht sinnerfüllend, sondern sie müsste einer gefühlten Lebendigkeit, einer selbstgewählten, bewussten, schöpferischen Handlung entsprechen und nicht nur zum „Über"-leben, als Roboter, mit materiellem Wertausgleich. Dann hat man auch das echte sinnhafte Gefühl, mit Freude, unermüdlich tätig sein zu können.

Sollte man hier auch mal die Frage stellen:

Warum müssen viele immer mehr, wie Roboter, mit massivem Stress arbeiten, um sich das angemessene Brot überhaupt verdienen zu können – eben weil keine Verteilungsgerechtigkeit existiert bzw. diese infolge von Finanzheuschrecken mit (sozialen~) Kriegen verwehrt wird. Das aber macht krank und im Kollektiv früher oder später anfällig für auch andere gesellschaftliche Epidemien, aber auch Krebs!

Dient sie der Qualität oder dem Lebenserwerb oder ist sie nur ein Job? – Verletzt sie die Umwelt oder zerreißt sie das Lebensnetz der mitmenschlichen Verbundenheit und wird dadurch krankmachend?*

Das eine ist oft fragwürdiger „Lebensstandard" - das andere ist „Lebensqualität". Aber ein Leben ohne Arbeit gibt es nicht. Im besten Fall dient sie einer erfüllenden selbstverwirklichenden Lebendigkeit, sprich Berufung, wo man sich lebendig und sinnerfüllt "Erfahren" kann.
Das wäre auch positiv genannt "Eustress"- im anderen Falle krankheitsempfänglicher "Disstress - Bore-out", bis zur Volksepidemien, wie „Depression und Krebs!"

Geld und Besitz an sich, ist dabei nichts Gutes oder Schlechtes. Nur kommt es darauf an, was du damit machst. Geld kann und wird Menschen verändern, auch bis hin zur Selbstentfremdung.

* Das Wohl des Menschen ist das einzige Kriterium für ethische Werte!
(Erich Fromm!)

Es kann sie zum Horrorteufel oder Süchtigen oder zum korrupten Teilhaber einer abgehobenen Machtoligarchie oder zum Günstling machen, der jegliche Verbundenheit mit seinem Nächsten verliert! Geld kann aber auch durchaus erst die Einzigartigkeit hervorholen, die jetzt Verbundenheit und Respekt vor anderen bezeugt und denen aus bitterer Erfahrung helfen will, ihre Not zu lindern bzw. ihnen ein eigenverantwortliches selbstnährendes Leben zu ermöglichen. Durch Geld kann man aber auch eine Regression in ein erbärmliches Niveau einer Selbstüberheblichkeit vollziehen, die meint besser zu sein als sein Nächster!

Es mag sein, dass man Leute mit viel Geld sehr erfolgreich und reich in den Medien sieht, aber wie viel Angst und Panik, innere Spannung bis zum Drogenmissbrauch etc. stecken dahinter. Was da oberflächlich als Erfolg aussieht ist innerlich ein steter Kraftakt, der unglaublich viel Energie kostet auf Kosten der Lebensqualität und Gesundheit und was dieser kostet, zeigen die Drogen und Weckamine, Aufputschmittel und Ritaline, die z.B. zuhauf am Bankenvierteln an der Themse in hoher Konzentration im Abwasser zu finden sind.

Tatsächlich, was da an "erfolgreichen" reichen Krüppeln mit versteckter Psychosomatik" und Katastrophenbeziehungen in psychologischen Praxen sitzen, spottet oft jeder Beschreibung. Das sind oft ängstliche, sich vergessen habende Kinder, da stehengeblieben, wo sie glauben, für ihr Überleben suchtmäßig raffen zu müssen! - fern von jeglicher empfundener Lebensqualität!

Es sind oft lebende Vampire, die von der Energie anderer Menschen leben. die einen Vertrag, mit dem symbolischen „Teufel" geschlossen haben: "Ich unterschreibe mit meinem Blut, sprich „Lebendigkeit". Dafür gibst du mir einen „Onkel Dagobert"- Lebensstandard, während man gleichzeitig zustimmt, zwischen sich und seiner Seele, eine psychische Betonplatte einzuziehen, die zum degenerierten Bonsaibäumchen, auf Kosten einer Lebendigkeit macht."

Wenn man sich aber weiter, nur an anderen Menschen oder nur auf sich selbst orientiert, sieht man weiter nur die äußere Form und vermeintliche entwicklungsbehindernde alte Lebenslagen und meint dann noch fremde Einflüsterungen von außen wären das endgültige Ziel. Sie verführen dazu, dass man sein Leben zwanghaft in einen falschen Mittelpunkt setzt, wo Lebensstandard mit Lebensqualität verwechselt wird.

Jetzt versucht der Mensch, diese wesensfremden Ideen noch wie ein Besessener zu verwirklichen. Er mutiert aber dann zu einem „Bonsai-Bäumchen". Dieser ist ein oftmals mehrere Jahrzehnte alter Baum, der in einer künstlichen Umgebung das künstlich gezüchtete Miniaturideal eines Baumes darstellt, fern von seinem ursprünglichen „Seelenbild". Verglichen mit den Bäumen der freien Natur, die individuell schief, krumm, voller Narben und Flechten sind, ist er sauber, heil und perfekt. Sein Lebensraum ist klar und auch in der Größe fest umrissen und vielleicht noch durch einen unsichtbaren Zaun abgesteckt.
Er ist nicht tot, denn in ihm schlummert noch die Erinnerung an sein ursprüngliches Leben, im Sinne einer individuellen Entwicklung zu seiner ursprünglichen Idee und Größe, die ja auch im Samen angelegt war und weiterhin vorhanden ist.

Um seine ideale künstliche, aber begehrenswerte Form zu erhalten, muss er immer mehr eigenes Leben abgeben, sich stutzen und in ein genormtes Schema hineinpressen lassen, bis er vielleicht selber noch glaubt:
„Dies alles was da geschieht, ist das vorgestellte Glück meines Lebens und der Umgebung für mich!" - Aber eigene Wurzeln, das eigentliche seelische Sein, die eigene "Schmetterlingsidee", sprich neue Lebensqualität, verkümmert. Die Menschen ertrinken so in äußerer Fülle und verdursten an innerer Leere!

In unser westliches „moderne" Leben übertragen, heißt das auch: „Setze alle Energien ein, um dich von dir selbst zu entfernen und in ein wunderschönes gewohntes und größeres Fress- und Suchtbild aus der Zukunft, vielleicht noch für andere einzutauschen".

Man opfert so oft ein Leben, seine Lebendigkeit für das genormte Vorstellungsbild der Medien, der Kataloge, und Soaps. Die Menschen sind dann so beschäftigt, alles Mögliche in dieser Veräußerlichung zu machen, um durch Waren äußere Werte und fragwürdiges Glück zu erreichen und vergessen darüber die inneren Werte, die erst die Lust am ureigenen Lebendigsein tragen und inneren Halt geben. So wird das in Kind im Menschen eigentlich, aus sich heraus nicht erwachsen und seine Einzigartigkeit verkümmerte zusehends. So sind schon viele lebend gestorben, lebende Tote – „Zombies". Sie leben mehr und mehr durch Konsum von Waren und werden zunehmend selbst zu einem „Automatenmensch"!

Hier erkennen wir wieder eine ausgedorrte Seele, die von Vorstellungen von Leben und Gefühlen lebt, anstatt die eigenen echten zu entdecken, bejahen und anzunehmen und ‚S'eine eigene Idee, die ursprünglich in einem seelischen Samen angelegt war, wieder als „Einzigartigkeit" anzunehmen und zu erfahren?

Dieser Frage sollten sich jetzt Menschen mal stellen, wenn sie durch mich als diese „Coronaepidemie" nun völlig auf sich zurückgeworfen werden, um sich einmal mit sich, selbstentdeckend beschäftigen zu müssen. Diese Aufforderung für Gesellschaft und den Einzelnen besteht nun auch darin, krankmachenden Lebensformen zu reflektieren und zu durchblicken.
Denn was der Mensch mit seinem begrenzten Verstand als Erfüllung und Lebensglück im Mainstream ansieht, da muss für das Seelische nicht sein! - und diese „juckt" eine „IT" – digitale Evolution ohne verbindende empathische Bewusstseins~und Wachstumsbildung sicherlich nicht!

Entwickle dich durch Selbsterkenntnis vielmehr zu dem was du wirklich in deinem Selbst bist und arbeite an der Entsprechung des Inneren mit dem Äußeren und entwickle eine Selbstliebe, die nicht von äußeren beherrschenden Marktwerten und Konsum abhängig ist!

Lebenssinn als Gesundheitsfaktor

„Überall um dich herum, siehst du Menschen, die damit beschäftigt sind, anderen ein Leben aufzuzwingen, das nicht ihr eigenes ist, während sie sich um ihr eigenes wirkliches Leben nicht kümmern - Menschen, die das Leben hassen, obgleich sie den Tod fürchten. *(William Morris: „Kunde von Nirgendwo" 1891)*

Der Sinn eines gesunden Lebens besteht darin dich lebendig und sinnerfüllt zu erfahren und dich zur Entfaltung zu bringen – wirklich „Du SELBST" werdend!

Dann erst kann man auch „glauben", da Gefühl-Verstand und Intuition als Dreiklang zusammenarbeiten und diese gesundheitsfördernd erfahrbar macht. Die einzige Frage für die Heilung von innen, neben den künstlichen äußeren Maßnahmen, ist also:

Wer bist Du in diesem Augenblick - Was bist Du in deiner Einstellung zu dir in deinem Leben, in Bezug auf deine Situationen? –

d.h. - Öffne dich endlich deiner Wahrheit!

Wer sein Leben gegenwärtig aus seinem Samen sinnerfüllt- & eigenverantwortungsvoll gestaltet und erschafft, ist erwachsen und gesund, besonders wenn man lebendige quellende „Jugend" in sich fühlt.

Wenn du dich da lebendig fühlst, dann bist du fruchtbar. Das macht jedes biblische Senfkorn! - Es kennt seine eigene Idee und es würde ihm nie einfallen eine Rose werden zu wollen! Denn es hat wirklichen Glauben und damit die Voraussetzung an sein gesundes Wachstum zur erwachsenen, stets gesunden Pflanze!

Kein Lustempfinden nur Leere, Entsagung von der Welt?

Doch wir können Geld lieben! - aber nicht uns von ihm beherrschen lassen, uns abhängig zu machen, seinen Selbstwert oder den Lebenssinn darüber definieren!

Also doch! – Höchstes Lust und Genussempfinden mit Geld, sogar erwünscht, aber keine Abhängigkeit! So kannst du teure Autos ruhig besitzen, bist aber davon nicht abhängig, mit deinem Selbstwertgefühl.

Es bedeutet nicht Verzicht auf die Welt! – aber man beachte wieder: „…denn was hälfe es dem Menschen, wenn er die ganze Welt gewänne, er käme aber um sein Leben?" (Mt. 16:26)

„Sitzt ein Fischer am Meeresstrand und angelt mit einer alten, herkömmlichen Angelrute. Ein reicher Unternehmer, vorbei, beobachtet den Fischer eine Weile, schüttelt den Kopf und spricht ihn an. Warum er hier angle, fragt er ihn. Draußen, auf den felsigen Klippen könne er seine Ausbeute doch gewiss verdoppeln.

Der Fischer blickt ihn verwundert an. ‚Wozu?' - fragt er verständnislos.

Na, die zusätzlichen Fische könne er doch am Markt in der nächsten Stadt verkaufen und sich von den Einnahmen eine neue Fiberglasangel und den hoch effektiven Spezialköder leisten. Damit ließe sich seine Tagesmenge an gefangenem Fisch mühelos verdoppeln. Und dann? fragt der Fischer, weiterhin verständnislos. Dann, entgegnet der Unternehmer, könne er sich bald ein Boot kaufen, hinausfahren ins tiefere Wasser und das Zehnfache an Fischen fangen, so dass er in kurzer Zeit reich genug sein werde, sich einen modernen Hochseetrawler zu leisten!

‚Ja', sagt der Fischer, - und was tue ich dann?

Dann, schwärmt der Unternehmer, werde er bald den Fischfang an der ganzen Küste beherrschen, dann könne er eine ganze Fischfangflotte für sich arbeiten lassen. ‚Aha', entgegnet der Fischer, und was tue ich, wenn sie für mich arbeiten? Na, dann könne er sich den ganzen Tag lang an den flachen Strand setzen, die Sonne genießen und angeln.

‚Ja', sagt der Fischer, das tue ich jetzt auch schon! *(Worldpress)*

Wer hier nun nach dem Sinn seines Lebens sucht, dessen Sinn ist die "Suche" anstatt sich auch mal die Frage zu stellen:

"Wo fühle ich mich lebendig!" - Welchen Sinn erschaffe ich - Wem oder was in meinem Leben gebe ich Sinn?

So gesehen ist es auch nicht dienlich die Frage zu stellen: "Wer bin ich", sondern "Was wähle ich zu sein" in Bezug auf die Welt, die ich erlebe und "Wessen bin ich mir bewusst"!

Die Lösung der Sinnfrage besteht nun lediglich darin, sich in den vielseitigen Facetten seines Seins wahrzunehmen und die Entscheidung zu treffen, wie ich mit diesen emotionalen Facetten und Einstellungen zu meinem Leben schöpferisch umgehe.

Könnte es so sein, dass du der Schöpfer deines Seins bist und nicht ein fertiges Bild von dir das Ziel der Suche ist.

Gott ist Schöpfer und als sein Ebenbild bist auch du, als Mensch, Geschöpf und Schöpfer in einem, in deinen angelegten Möglichkeiten und Anlagen.

Es kommt nur darauf an, wie du dein Inneres nach außen bringst und deine Welt gestaltest. Dabei ist Erfahrung immer der wichtigste Schlüsselbegriff. Was möchtest du erfahren, welchen Seinszustand möchtest du erleben?

Das prägt deine beobachtete Welt. Wenn du also immer nur im Außen suchst, wirst du dies für dich nie finden.

Die Suche ist nie das Ziel, das genannte "Wer bin ich". Ziel ist immer ständige „Neuschöpfung" deines Seins durch dein wahres Selbst!

Alles hat eine geistige Ursache in dir. Alles, was du in deiner Welt beobachtest und erfährst, ist deine eigene geistige Schöpfung.

Du selbst bist Ursache und Wirkung und niemand anders, außerhalb von dir. Alles was du erfährst, hast du irgendwann einmal verursacht und in dein Leben gerufen, so unverständlich es im ersten Moment erscheint.

Du selber bist Sinn und deine äußere Situation ist untrennbar mit dir verbunden. Du bist niemals getrennt von dem, was du erfährst. Du selbst bist Beobachter und Beobachtetes.

Das, was du für deine Wirklichkeit hältst, ist dein persönliches Märchen, dein selbst erschaffenes Wunder. Dein bewusster innerer Glaube an dich, ist die einzige Voraussetzung, derer es bedarf, um dein Leben zu meistern.

Ja! – Gott, das allumfassendes Bewusstseinsfeld, ist immer in uns und wir sind in Gott. Jeden Tag schaust du Gott an, in deinen Situationen, den Personen, in deinen Umständen, in deinen Träumen, deinen Misslichkeiten.

Er ist immer da und nie fern und was wir als sein Ebenbild erschaffen haben, können wir auch ändern. Wir brauchen nur in unseren Spiegel im Inneren und Äußeren zu schauen und unsere Göttlichkeit nutzen, indem wir z.B. unsere erschaffenen schmerzlichen Situationsverdichtungen, als zu durchblickendes Symbol in der richtigen Sichtweise lernen. zu interpretieren und ändern.

Warum sollte sich Gott da selbst etwas befehlen oder bestrafen mit Krankheit oder Epidemie oder als „schlecht" beurteilen. Das wäre keine Liebe! Wenn er dies täte, würde er zugeben, Fehler durch den Menschen gemacht zu haben, auch in seiner weisen Voraussicht. Als sein Ebenbild hat er die freie Erfahrungswahl!

Gott ist nie bedürftig und macht erst recht keine Fehler. Das wäre paradox, denn „Er" ist „Alles, was ist" und „sein Auge ist zu licht, um Dunkles sehen zu können"! *(C.G.Jung)*

„Wenn Du dich veränderst, verändert sich durch ihn deine Welt"!

ist das nicht das größte aller Wunder?

Wenn du dich innerlich umgestaltest,
wird es auch das Äußere tun!

Sinnerfüllte gesunderhaltende Arbeit und Lebensqualität sind ein komplexes Thema von inneren und äußeren Faktoren, aber unbestritten ist:

„There is no way to happiness – Original happiness is the way "!

Dies wandelt destruktiv ungewandelte Kräfte, wie „Coronaviren", in „heilende" Sinnerfüllung" um. Dadurch erst können alle Viren *(auch Krebs!)* als "Erinnyen" *(Rachegötter)* wieder zu "Eumeniden" *(Sanftmütige)* werden!

Ansonsten werdet ihr uns „als Geister, die ihr rieft", nie mehr los"!

Wenn ihr es also als Menschheit nicht lernt! –
Was kommt dann nach Corona aus der Büchse Pandoras?

Kehren wir wieder zu unserem Bild zurück!

Der aus der schützenden Hülle ausgekrochene Schmetterling ist plötzlich vor eine neue Lebensweise gestellt. Als Raupe kannte er nur das langsame Kriechen auf der Erde. Nun aber kann er sich frei in die Höhe erheben und zur Erde niedersenken. Auch der noch nicht gewandelte Mensch kennt nur das Wirken im Horizontalen. Der „neue" Mensch hingegen, wird frei, vertikal wie auch horizontal - in die Höhe des Geistes, so wie in der Materie, zu wirken beginnen. (*Wie oben, so unten –Wie innen, so außen!*)

So wie Gesetze der Raupe nicht mehr gültig für den Schmetterling sind, so sind auch die Gesetze des alten Menschen nicht mehr gültig, für die „neue göttliche „Kindidee". Aber noch ist es schwach und verletzlich wie alles Neugeborene:

Die Raupe weiß nicht, wie sie als Schmetterling leben wird. Sie folgt einfach dem Rufe der Natur. Sie ist berufen, zum Schmetterling zu werden und sie wird zum Schmetterling. Wir Menschen sind, wie die Raupen berufen, zum ganzen Menschen zu werden, zur höheren Version als Bild des Göttlichen... aber folgen wir auch dem Rufe?

Wir können die menschlich-göttliche Natur, eines (neuen~) Menschen, in seiner sogenannten „evolutionären Individuation", mit unseren jetzigen Sinnesorganen nur erfassen, wenn wir sie nach innen gehend, über unsere intuitiven Ahnungen, Eingebungen, Träume mit ihren Symbolen, erfassen lernen, denn sie ist potenziell unsere *ganze* Natur bzw. Ganzheit.

Hier bleibt nur noch zu guter Letzt dieses "Dein Wille geschehe" übrig!

Was wäre dann die richtige Bewusstseinseinstellung, die zur unbegrenzteren Bewusstseinserweiterung eines „Ich"- befangenen Egos führt, die auch im Gleichnis von der Rebe am Weinstock durch Jesus (Joh. 15:5 Ich bin der Weinstock – Ihr seid die Reben") geschildert wird:

„Durch mich lasse ich Realität werden, ich arbeite mit der neuen Realität im Inneren und Außen und erhöhe und erweitere damit meine Realität, die ich durch meine Sinne und meinen Willen meist als zu beschränkt empfinde!"

Richtig formuliert und erkannt müsste man es so formulieren:

„Nicht ich schaffe mich selbst, ich geschehe in mir selbst und durch mich wird Realität!" als Gestaltung aus dem Bewusstsein zu sehen und nicht nur durch sein Tun!

Das erfordert natürlich in den Hereinforderungen des durchsetzungsorientierten Alltags oft großes Vertrauen! Das ist der weibliche Gegensatz zum männlichen außenorientierten „Ich will", das nur egozentrierten Kampf, Leistung, Zielerreichung durch Tun, propagiert und beobachtbar, auch auf individueller Ebene, viel fehlgeleitete oder verdrängte psychisch-körperliche Energie" kostet, die in Form von Depression, Burnout bis zu Krebs etc. sich zeigt!

Ja, der mütterliche Pol einer "selbstfürsorgenden" Lebensqualität bzw. Psychohygiene, wird in einer Gesellschaft des Lebensstandards, mit Konkurrenz und Ellenbogendenken, nicht beachtet.

Er wird nicht gelehrt, auch weil die Politiker die Bedeutung noch nicht erkannt haben, auch um dem Gesundheitswesen hohe Kosten zu ersparen!

Das Thema der Selbstliebe oder gesunder Egoismus genannt, ist aber immer ein innerer und äußerer Beziehungsvorgang!

Selbstliebe und Egoismus meint in erster Linie, dass unser Leben in seinem Bildwerk von Ereignissen, Personen, Situationen oder Schicksal an uns heran getragen werden, die mit Freiheitsgraden erfüllend erlebt, gestaltet verstanden werden sollen und die dann auch unser Handeln, und unsere Haltungen in Form eines sich regelnden Wechselspiels zwischen Innen und Außen beeinflussen. Dazu gehört auch Eigensinn und Be-"Acht"-ung der eigenen Bedürfnisse aber auch Empathie und Respekt vor den Bedürfnissen des anderen, im Wechselspiel, besonders in Beziehungen.

So ist dieses "Sei du selbst" oder verwirkliche dein EGO in deiner Bedürfnisbefriedigung ist immer ein Beziehungsvorgang und das heißt:

Die Beziehung zum Selbst mit einem notwendigen Egoismus ist zugleich eine Beziehung zum Mitmenschen und darf also nicht so gesehen werden, dass es die Mitwelt ausklammert, sondern ist immer auch ein Stück lebendige Beziehungsgestaltung und oft Bedürfnisverzicht, selbst in einer intimen Partnerschaft!

Gerade hier muss zugunsten einer lebendigen Wachstumsmitte ein Stück Individualität „geopfert" werden.

Dabei meint Beziehungsgestaltung keineswegs, dass unser Mitmensch etc. nur als Projektionsträger der eigenen subjektiven Bedürfnisse verstanden werden kann und so nur unter eigenen nützlichen bzw. egoistischen Interessen zu dienen hat, sondern auch dem Respekt vor dem Anderen.

Nebenbei: „Bin ich dann nicht Opfer fragt der Verstand"?

Ja! - Opfer ist man dann immer! - Bloß der Unterschied liegt darin, dass man im Unterschied als Opfer von bedürftigen menschlichen Machtgelüsten oder Bedürftigkeiten, ein Opfer von etwas Unbegrenztem wird!

Was kann aber von einem Unbegrenzten im Gegensatz zu einem bedürftigen Menschen eben nur kommen:

Unbegrenzteres, höhere Freiheitsgrade, Verbundenheit und damit mehr erfahrbare Verbundenheit, Respekt, für sich und mit dem Lebensnetz, natürlich dann auch Gesundheit im Fließgleichgewicht!

Wie sieht das praktisch aus?

Wenn man grundsätzlich bereit ist, etwas Sinnvolles zu tun; wenn man bereit wird, alle eigene Vorstellungen und Wünsche primär einmal loszulassen, und sich grundsätzlich einverstanden erklärt, es Gott als „Weinstock", „prozessorientiert" in der „Rebe", mitgestalten zu lassen. Wenn man also dieses Grund und Urvertrauen entwickelt, schafft man mit diesem Vertrauen jede herangetragene Aufgabe und Problemberge verwandeln sich dann in „Maulwurfshügel".

Wie kann Gott so schreckliche Dinge in der Welt oder bei mir, wie „Corona" zulassen?

Wo war Gott in diesem Augenblick - Warum ist die Welt so wie sie es gibt?

Der Mensch sieht alles durch die Brille seiner Angst und Befürchtungen, und daher sieht alles angstvoll aus. Könnte es da nicht sein, dass Menschen immer alles durch die Brille der Polarität sehen - als polares Wesen in Gegensätzlichkeiten sehen müssen?

Es ist dein Glaube, deine innersten Überzeugungen, die dein Leben gestalten.

Das gilt auch für den Einzelnen als auch für ganze Familien und Nationen, in ihren kollektiven, meist konfessionellen Glaubenshaltungen geprägt und kumuliert durch viele Generationen hinweg, die sich das Leben, das Lebendige mit ihren begrenzten Glaubensdogmen durch diese kollektive Sicht versperrt haben und ein harmonisches Leben bzw. eine freie Sicht auf das Lebendige versperren. (*Vgl. Familienaufstellungen!*)

Aber als ständig schwangerer Schöpfer ist Gott immer lebendiges „Leben"!
Es ist eine Lebendigkeit, die „Berge" hinweg fegt, die die Menschen und dich am Leben hindern um eine freie Sicht auf das Leben und die Allgegenwart des Göttlichen zu ermöglichen, also in die Unbegrenztheit des Seins!

Hast du nicht und bist du nicht eingeladen mit der Sicht auf das Innere – deine Seele, deine durchblickende Intuition zu erwecken um alles zu durchblicken?

Könnte es nicht die provozierende Frage lösen:

Warum musste das geschehen oder mir zufallen?

Müsste Gott sich entschuldigen, so würde er das tun, aber er würde gleichzeitig versuchen, dir begreiflich zu machen, dass dieses, wenn auch noch so Schreckliche, einen tiefen und bedeutsamen Sinn für dich hat, denn er sagt:

„Ich bin ja allgegenwärtig und es kommt auf die Brille von dir an, wie du die Dinge durch deine Brille sehen willst! - und ich akzeptiere deine begrenzten Entscheidungen, deine Sichtweisen, da ich ein liebender aber unbegrenzter Gott bin!"

Die Lösung ist einfach durch die Frage zu beantworten:

Aus der Einheit betrachtet erkennst du die Einheit aller Dinge!

Aus der Polarität betrachtet, erkennst du immer deren Gegensätzlichkeit. Es ist eine Frage der Ebene, eine Betrachtungsweise, wie dir die Dinge erscheinen und die Quantenphysik bestätigt diesen religiösen Standpunkt:

„Das Beobachtete ist nicht unabhängig vom Beobachter,
mit seinem Beobachtungsinstrument"!

„Wie innen, so Außen, Wie oben, so unten"–
Alles spiegelt sich in Allem!"

Du bist der Schöpfer deines Seins, also auch von Krankheiten!

Die Menschen sehen die Kulissen ihrer eigenen Filme, die ganzen Installationen zu Erzeugung von diversen Bühnen, Effekte, den Theaterdonner, den Blitz, das Gewitter, den Brand, den Krieg und die Verbundenheit, die Liebe, die Krankheiten – den Coronavirus – die sie durch ihre Empfindungseinstellungen erzeugt haben!

Das sind alles Effekte von tragischen Informationen! – Wie sonst können Menschen als polare Wesen erkennen, dass jemand hier „Leid'-en"-schaften aus dem Weg räumen will, durch diese Emotionen Leid erzeugt wird, wenn dieses Leid nicht theatralisch eindrucksvoll zur Darstellung kommen kann, mit den entsprechenden Utensilien!

Solange es dunkel ist, in deinem Bewusstsein, glaubst du in der Realität eines Lebensfilmes zu sein, glaubst du nur miterlebend an die Realität deiner holographischen Realität - weil du es erleben, fühlen und begreifen und erleben kannst! An diese Realität bist du gewohnt und glaubst, dass sie die Wirklichkeit ist, weil du keine andere Wirklichkeit bis jetzt kennengelernt hast oder nicht mehr wolltest – Du konntest/wolltest oft eine andere Realität, die du vielleicht ahntest nicht annehmen. Du hast dich in dieser selbst erschaffenen Realität verloren bzw. hältst diese für wahr!!

Es geht hier aber um die wahre lebendige Realität deines Seins!

Aber wie dann kannst du aus dieser immer geweckt werden bzw. dich wecken, um durch das Signal des Endes in deine „Wirkliche!" zurückzukehren. Du kennst das in deiner subjektiven Realität – meist durch Leid und Schmerz!

Musst du nicht da auch immer ziemlich heftig oder schmerzvoll geweckt werden, um dich daran zu erinnern, dass du deine wirkliche objektive Realität wieder annehmen solltest bzw. gestalten kannst, die du durch eine virtuelle Brille verdeckt hattest?

Genau das soll geschehen durch den göttlichen Funken, durch die Seele bzw. wie Gott dich gedacht, bzw. einge-‚Bild'-et hat! und das du immer bist, darauf „wartend" dass du es erkennst!
(Mt. 28,19: „ Ich bin bei euch alle Tage"!)
Warum bist du nicht bereit, dich einzulassen, auf die Realität des unbegrenzten Allumfassenden, auf die Fülle deines Seins, die du noch nicht fühlst und erkennst, in deinen Ängsten und Befürchtungen So bleibst du im tiefen Tal, eines vermeintlich echten Films, wo du den Überblick über deiner Möglichkeiten nicht hast!

Aber er/du alleine bist in deiner Ganzheit als heilige Dreifaltigkeit „Seele–Bewusstsein–Körper", der Mittelpunkt deines Lebens, das Zentrum deiner Welt.

In dir alleine ruht alle Schöpferkraft und von dir geht alles aus, das angeblich Gute und Böse, sprich Licht und Schatten!

Du, die Menschen sind die/ Regisseure der eigenen Theaterstücke. Du/Sie schreiben ihr Drehbuch durch ihr Empfindungsvorstellungen bewusst oder unbewusst täglich neu und bestimmen die Handlung. Jederzeit steht es dir und Ihnen frei, missliche Katastrophen und Epidemien und stärker werdende Pandemien umzuschreiben, wenn sie mit ihrem Verlauf nicht zufrieden sind. Genau das ist (d)eine Aufgabe, auf deiner Heldenreise zu deinem „Hohen Selbst", um ein erfülltes und glückliches und gesundes Leben, aus deinem lebendigen Bewusstsein führen zu dürfen.

Die fruchtbare Einsamkeit!

... Viele stehen um den Brunnen herum
aber keiner ist im Brunnen

....

... viele stehen vor der Türe, aber es sind die Einsamen,
die das Brautgemach betreten werden
(Thomasevangelium)

„Ja! – Ich als Coronavirus zwinge euch Menschen einmal in eine fruchtbare Einsamkeit und durch „Einkehr" zur Bewusstwerdung eures Lebenssinnes, so dass ihr einmal erkennt, für was eure Seele wirklich brennt, mit den Anlagen und Möglichkeiten, die euch offenstehen!

Es ist oft nicht die Frage, ob man einsam ist, oder ob man Einsamkeit auch einmal annehmen kann, um sich selbst zu finden, sich zu besinnen auf das eigene sinnhafte Leben durch „Entschleunigung"! Einsamkeit ist dabei kein krankheitsauslösende Faktor, sondern die Unfähigkeit, sich mal mit ihr zusammenzusetzen!

Der Gegenpol, pausenlos mit Menschen umgeben zu sein und darin umhergeschubst zu werden, stellt die Frage, ob das nicht auch in gewisser Weise eine totale Einsamkeit ist, wenn man immer nur einer Hoffnung und Illusionen sowie Ballermannmainstreams mit Aufmerksamkeitsbemühungen und medialen Hypes hinterher rennt! – also der viel erwähnten „Karotte" als Esel hinterher jagt, was ständig viel Energie kostet und dann von Illusionen enttäuscht, in sich zusammenbricht, begleitet mit psychosomatischen Erscheinungen!

Ich spreche nicht von sinnvoller, gesunder, wohltuender und notwendiger, natürlichen Verbundenheit, die jede echte, funktionierende Gemeinschaft trägt und durchwirkt, sondern von dem, was in der kollektiven Konditionierung als Norm vorgegeben ist und auf anderen Werten beruht und von anderen Motivationen gesteuert wird, als aus der individuellen eigenen seelischen Wahrheit.

Es kann auch tiefe Einsamkeit sein, wenn man mit Menschen im täglichen Erleben zusammen sein muss, die uns nicht entsprechen. (z.b. Großraumbüro – Eintönige Fließbandarbeit etc.)

Da sagt jemand: „Ich liebe meine Umgebung etc. nicht, aber wenn ich mich jetzt trenne, dann bin ich wieder alleine und dann müsste ich wieder anfangen zu suchen. So wie es ist, ist es gerade bequem." Da wird eine Beziehungsstörung abschoben auf einen äußeren Schuldigen und verkannt, dass man sich selbst erst mal öffnen muss, in der Bereitschaft, eine Beziehung überhaupt in sich hineinzulassen, was wieder eine Art von Verpflichtung darstellt und den anderen nicht dazu verurteilt, sein Unterhaltungsclown gegen seine innere Einsamkeit zu sein!

Also: Einsamkeit kann auch eine Kostbarkeit sein, die erst mal zu eine tieferen Partnerschaft zu sich selbst führt und aus deren Wüste viel Fruchtbares für das eigene Leben mitbringen kann! Sie kann eine fruchtbare Schwangerschaft sein und es verändert total. Dann ruft das Leben doch wieder in die Kontakte oder vielleicht sogar in eine Beziehung. Das weiß man halt nur über den begrenzten menschlichen Verstand mit seinen Bedürftigkeiten nicht!

Jeder wirklich "Große Weltenbeweger" kam immer aus einer freiwillig gesuchten tiefen Einsamkeit und der Stille einer Wüste kam! - ob sie Moses, Jesus oder nun Buddha etc. hießen. Sie kamen nie aus den prominenten Angepassten, die ihre Größe aus der Bewunderung und Nachahmung von Mainstreams oder Ideologien, gefeiert von oder in Massenveranstaltungen bezogen, die sie eigentlich zu Intoleranten mit Sperrmauern, gegen jedes eigene geistige Wachstum, hätte werden lassen, weil sie früher oder später den Erwartungen ihrer Anhänger hätten genügen müssen!

So gibt es eben für jeden Menschen perfekte, individuelle Erlebnisse, bzw. Phasen wo der eine sehr stark mit dem Thema alleine sein und Einsamkeit konfrontiert wird, wo es dann z.B. kaum noch Kontakte gibt und dies auch über eine lange Phase so bleiben kann.

Vielleicht können auch Beziehungen nicht wie bisher üblich einfach so weiter gelebt werden, weil es die bisherige gemeinsame Schnittmenge bzw. Wachstumsmöglichkeiten nicht mehr gibt, die Zeit für diese Beziehung abgelaufen ist, es noch nie gestimmt hat, es man sich aber nicht eingestehen wollte.

Für andere wiederum ist „alleine sein" und Einsamkeit gar nicht so ein großes Thema. Einsamkeit selbst hat so viele verschiedene Facetten, die man wirklich einfach nur erleben kann, es gibt da gar nichts so Schlaues darüber zu sagen.

Diese Räume der Einsamkeit kann man erleben, erforschen und sich bedingungslos darauf einlassen. Sie bergen, wie alles im Leben einen enormen Schatz an Erkenntnissen und Befreiungspotential, wenn man offen ist. Während einer solchen Phase hat man viel Zeit und kann sich da sehr gut beobachten und den eigenen Unwahrheiten, den begrenzten Ansichten über sich selbst, mit wirklichem Durchblick, auf die Schliche kommen.

Sich selbst „aushalten" lernen und wirklich mit sich in Kontakt zu kommen, ist unendlich kostbar, wenn auch nicht immer ganz leicht. Sie verändert dich aus dem Inneren!

Interessanterweise hat der Mensch erst Angst vor der Einsamkeit, dann lernt er sich in der und durch die Einsamkeit als „Höchste Version von sich selbst" wirklich kennen, spüren und schätzen, dann sucht er die Einsamkeit und für manche bleibt das dann so, dass die Einsamkeit durch nichts mehr anderes ersetzt wird. Weil sie auch so schön und erfüllend ist, wenn der innere Lärm sich mehr und mehr relativiert und aufgelöst hat!

Wenn der Ruf nach Einsamkeit aber so stark ist, dann hat das Leben dich ja gehört, weil du jetzt Wochen hast, wo du das genießen darfst und kannst und eben auch alles entdeckst, was da in dir auftaucht zu diesem Thema.

Das zu erfahren, äußerst spannend!

Im Grunde braucht man da gar keine Medien, weil man sich die ganze Zeit selbst, auf seinem „inneren Bildschirm" zuhört und selbst in sich reinschaut und einfach nur erstaunt ist, was da alles in uns ist und herumgeistert, aber man hat keine Chance mehr, dem zu entkommen!

„Indem sich jeder für sich niedersetzt in Bezug auf seinen Körper und sein Leben, so beruhigt er sich auch in Bezug auf seine "Leiden"-schaften und indem er sich so ausrichtet, wird er das Göttliche zu sich rufen und in Wahrheit wird das Göttliche, das überall ist, zu dir kommen." (Olympidos – Alchimist 6.Jhd)

Es ergibt sich dadurch später, in der Begegnung mit anderen Menschen, eine andere erfüllendere, bewusstere und offenere Qualität des Umgangs und das Leben gestaltet sich dabei immer mehr so, wie es den seelischen Absichten entspricht.

Einsamkeit ist ein spannendes Thema und wenn du dich darin mehr und mehr gefunden hast, wirst du spüren und erkennen: „Ich bin in meiner Mitte angelangt"!

Aus dieser Mitte heraus ist es erst möglich, das eigene Angemessene zu tun, bewusst zu handeln und zu wissen, warum und man wird von keiner Leidenschaft oder Bedürftigkeit mehr getrieben und das kann sehr wohl auch das Zischen und Beißen beinhalten, als angemessene Reaktion, auf eine Situation!

„In der Mitte sein" heißt, sich seiner bewusst seiend agieren zu können und nicht reagieren zu müssen!

„Mitte" ist dabei die Fähigkeit zum bewussten Handeln oder Besinnung - angemessen in der richtigen Stärke, zur richtigen Zeit, am richtigen Ort. Da wo dein "JA" und dein "Nein" dein wirklicher Lebensausdruck ist und wirkliche „Mitte", ist dann ein Gefühl eines „Zuhause „Angekommenseins". Dann wirst du das Licht nicht suchen, du wirst den Schatten nicht suchen. Du bist dann im gesundheitserhaltenden „Sein".

Du hast emotionalen Abstand zu allen umgebenden Situationen und Dingen. Es bedeutet nicht, dass du keine Freude mehr haben sollst am Leben, mit deinem Denken oder Fühlen - aber wahre Freude hast du dann im eigenen Herzen gefunden.

Es brennt darin ein wärmendes Feuer, auch wenn es in den äußeren Lebenssituationen noch so „stürmt". Es ist ein Lebensgefühl: „Ich Bin" im inneren Frieden"!

Dieser innere Seelenfriede ist eben das „Daheimsein" in dir, wo du gerade gehst und stehst. Da ist kein Kampf! - Nie mehr wirst du auf der Flucht sein vor irgendetwas. Da ist keine Bedürftigkeit im Sinne von etwas „Brauchen, abhängig sein, - nur an andere denken zu „müssen" - mehr vorhanden!

Dieser „innere Frieden" geschieht, aber nicht, wenn man meint, „hart" daran arbeiten zu müssen, denn die Psyche „mag" keinen Druck!

Er geschieht aus einer klaren und ruhigen aufkeimenden Gewissheit über dein Leben. Dann kannst du auch ständig deine eigenen Erfahrungen durchlichten und durchblicken lernen, ob sie dir in deiner Ganzheit dienlich sind, damit dein Leben fließt und mehr deine Einzigartigkeit aufleuchten lässt und hervorkehrt.

Das Leben beschenkt dich dann mit einem weiten Horizont, wo du weit blicken kannst über dein Leben und wie es läuft und fließt, und Berge werden zu Maulwurfshügeln und dein "Ja" und dein "Nein" sind deine wirklich eigenen, genauso wie du, mit deinen wirklich eigenen Antworten auf die Situationen antwortest, die das Leben an dich heran trägt, für dein Wachstum hin zum eigenen „Selbst" – als deine Höchste Version von dir – „Seele" genannt!

Erst dann wird das irdische Leben als real total annehmbar und die Heimat ist „HIER"! – in der Liebe zum Augenblick und wenn du beginnst den Augenblick zu lieben, dann liebt er dich mehr und mehr zurück!

Wenn du nun in die Einsamkeit gehst oder es, eben durch z.b. Corona, erzwungenermaßen tun musst und diese wirklich einmal annehmen kannst, geschieht eines:

Du kommst zur wirklichen Ruhe!

Tief im Inneren, eines jeden von uns existiert wirklich ein Idealbauplan, eine Seele, ein Hohes Selbst, ein Licht, nenne es wie du willst. Dieses „Hohe Bewusstsein" – der Seele, tief in deinem Inneren, hat den Überblick, welche Veränderungen in deinem Leben zur Herstellung des Gleichgewichts erforderlich sind. Es arbeitet oft komplementär zu dem, was unser Tagesbewusstsein meint. Trotzdem stellen wir häufig fest, dass wir den falschen Schritt tun und eine Unstimmigkeit verschlimmern, anstatt sie zu beheben.

Vielleicht kennst du sogar Situationen, in denen du gesagt hast:

„Wenn ich doch bloß auf mich gehört hätte, hätte ich das nicht getan"!

Da hattest du wohl recht. Vielleicht warst du dir dessen nicht bewusst, aber das alles überblickende Bewusstsein deiner Seele spricht manchmal sehr leise zu dir - über das, was wir eben als Intuition bezeichnen.

Eine Intuition ist eine Eingebung, etwas zu sagen oder zu tun, etwas, das plötzlich und oft andauernd in deinem Bewusstsein auftaucht. Im Allgemeinen hat man bei einer Intuition den Eindruck, dass es die richtige Entscheidung ist. Du empfindest dabei eine heitere Gemütsruhe oder eine friedliche Entschlossenheit (auch wenn es vielleicht gar nicht der ursprünglichen Absicht entspricht). Es können sehr verschwommene Gedanken sein, als wären es eigentlich nicht deine eigenen- Aber sie sind es!
Diese innere „Stimme" ist dein inneres Wissen. Es ist das Wissen – das Licht- deiner Seele und es versucht, mit seiner Wahrheit in dein Bewusstsein zu dringen.

Es spricht nicht unbedingt leise. Es scheint nur der Fall zu sein, weil deine Gedanken und Emotionen an der Oberfläche so lautstark nach Aufmerksamkeit verlangen.

Wenn du immer die „Sprache" der Intuition deiner Seele wahrnehmen könntest, würdest du zweifellos die richtigen Maßnahmen zur richtigen Zeit treffen. Wie kannst du dir also dieser äußerst intelligenten leisen Stimme mehr und mehr bewusst werden?

Intuition hat nichts zu tun mit den Programmierungen, deinen Prägungen, die dein Gewissen oft darstellen. Es ist ein Erfassen mit einem geklärten und beruhigten Herzen und dem Inneren und nicht mit dem verkopften Verstand, aber auch nicht mit deinem „Folge deinem Herzen!"

Vernunft – Gefühl und gesunder Menschenverstand!

Vernünftig mit gesundem Menschen!-verstand? sind wir angeblich gern, aber - schau mal in die Welt, die von den angeblich Vernünftigen beherrscht wird. Denn wir missbrauchen, oder lassen uns von unserem begrenzten Verstand mit seinen Argumenten oft in lebensferne Weise missbrauchen. Da er sein Wissen aber aus der Vergangenheit und aus dem begrenzten Erfahrenen bezieht ist es naheliegend, dass er immer Erkenntnis und erfahrungsbedürftig ist, nie vollkommen die Situationen des Lebens überblicken kann. Der Verstand, dessen repräsentativste Funktion auch „Vernunft" genannt wird, lebt nämlich nie im „Jetzt".

Dies macht schon der Name deutlich: „Ver-NUN-ft"!

Dieses germanische Grundwort „Ver" hat nämlich auch die Bedeutung: „Weg von..."

Also ist die Vernunft zu sehen als ein weg vom „NUN" gehen!

Es ist ein weg vom "Nun" gehen und damit eine Trennung von Gefühl und Denken. Es ist ein Auseinanderdriften der Einheit in dir und somit eine Trennung von „Denken, Handeln, Fühlen!"

So gesehen kannst du über den Verstand mit seinem Bewerten und Abwägen und seiner propagierten Vernunft nie in dein wirkliches Leben bzw. in (deinen) Frieden kommen, wenn Denken, Handeln-Fühlen und Intuition nicht in Einklang gebracht werden!

Wie ist das nun mit dem Herzen und folge deinem Herzen?

Wenn du dein Herz öffnest und du einfach "Du selbst " bist, oder meinst nur deinem Herzen folgen zu müssen, bringt dich das auch noch keinen Schritt weiter, in deinem Lernprogramm zur "Selbstwerdung" hin in deine höchste Version- der Seele- denn du bist es dann noch lange nicht und du fällst auch oft dem Tollhaus deiner unerlösten Gefühle zum Opfer. Das Herz weist uns auch meist den falschen Weg und hat mit Intuition nichts zu tun.
Intuition ist jene leise Stimme in dir, die dir auch entgegen diesem, oft auch amoralisch mit einigem ständigen leisen "gefühlsbetonten: „Eigentlich solltest du...!" - den Weg weist.

Das Herz an sich ist ein offener Schöpfungsraum – Deswegen, weil es voll ist mit allen möglichen fremdgeprägten Gefühlen und Einstellungen „negativer" d.h. destruktiver bedürftiger Art! und „positiver" - schöpferischer aufbauender Art, bzw. Programmen, die in den Menschen eingeprägt wurden, als er sich in deinem Menschsein noch unbewusst gewesen ist. Was dann dort einge-"prägt" ist, wird gemäß seinem Inhalt, noch als vermeintlich „objektive" Gewissensinstanz in die Welt getragen und bekommt Resonanzen in vielfältigen verwirrenden Formen, rät und manipuliert oft dann, mit Angst und Furcht vor etwas.

Seinem Herzen nun bewusst oder unbewusst zu folgen hieße, dass der Mensch als Schöpfer seiner Welt, als Gottes Ebenbild, an Gefühlen wählen kann, was sich dann auch in Gedanken, Wort und Tat äußert und zu entsprechenden Resonanzen führt.

Das ist oft sehr schwierig, wenn man bedenkt was der Mensch vermeintlich alles „Gefühlvoll" aus der Mördergrube des Herzenswegs wählt, was sich dann als Schmerzerlebnis im Außen darstellt, weil man zum Beispiel „Leistung für angeblich Liebe verkauft". Durch die richtige Schlussfolgerung und Erforschung der Gefühlsmotivationen bzw. „Herzklärung" kann es aber später zur Zusammenarbeit mit der Intuition kommen, die hilft das richtige Gefühl passend zu wählen!

Was ist nun ein geklärtes Herz?

Wer vom Verstand von Wissen erregt wird, weiß er etwas als Bildung!- Das ist aber ein Wissen vom Leben, aber nicht das Leben selbst!

Es ist eine Trennung von Situationen und Dingen vom Wert! (Herz!) –Es ist Geistiges ohne Herz! - Ein geklärtes Herz aber, beginnt zu fühlen, dass alles auf eine besondere und ganzheitliche Weise aufeinander bezogen und lebendig ist!

Die Intuition als objektives sinnhaftes seelisches Wissen muss nun mit Herz und Verstand in Einklang gebracht werden, um in der Welt als Lebensfluss ohne Blockaden erfahren werden zu können!

Um diese Stimme ganz deutlich zu vernehmen, musst du erreichen, dass dein Bewusstsein zu einem stillen See wird. Also gilt es, sich zu bestimmten festzulegenden Zeiten, ganz von Außenreizen, äußeren Lärm, hektischer Betriebsamkeit abzuschirmen und in sich zu lauschen. Dies kann in der sogenannten Meditation geschehen, bei einem einsamen Spaziergang, in der Wohnungseremitage etc. Den Wellenschlag der emotional, sorgenvollen Überlegungen gilt es also zu glätten, um damit auch ganz ins Hier und Jetzt zu gelangen.

Ganz einfach formuliert, musst du vielleicht einmal von dir selbst zurücktreten und nur beobachten.

Reiche deinem Verstand da öfters eine Kündigung oder „Kurzarbeit" ein und weise diesem eine beobachtende Funktion zu, und du wirst überrascht sein, welche Wunder nach einiger Zeit in dein Leben treten können und werden.

Das Licht (Weisheit!) deiner Seele, das gleichzeitig deinen geistigen Bauplan darstellt, ist in einer begrenzten Form materialisiert. Ihr Licht durchdringt mühelos einen stillen See und du kannst geradewegs in ihn hineingehen. Er ist dann sehr klar.
Aber wenn Wind aufkommt und das Wasser aufgewühlt wird oder wenn das Wasser verunreinigt ist, kannst du nicht deutlich erkennen, was in dem See ist. Deine fünf Sinne, die auf der Suche nach Erfüllung durch Außenreize beschäftigt sind, vereinnahmen dich oft so sehr, dass du die „ruhige und zarte" Stimme in dir nicht wahrnimmst.

Wie kannst du also erreichen, dass dein Geist wie ein stiller, klarer See ist, ungestört von stürmischen Gedanken an der Oberfläche, frei von verunreinigenden Emotionen wird, so dass das Licht bzw. die Botschaften deiner Seele mühelos in deine bewusste Aufmerksamkeit gelangen kann?

Der erste Schritt um einen klaren Kontakt mit dem Hohen Selbst in dir zu bekommen, besteht darin, die Fähigkeit des Loslassens in einer Stille oder gesuchten Einsamkeit zu entwickeln.

So wie ein Fluss klar bleibt, wenn er ständig in Bewegung ist, so kannst du negative Gedanken und Emotionen so schnell weiterfließen lassen, wie sie gekommen sind. Du darfst daran nicht haften bleiben bzw. dich darauf fixieren. Dafür ist Mut erforderlich, aber sei nicht ängstlich.

Wenn du deine Gedanken und Emotionen frei kommen und gehen lassen kannst, hältst du deinen Geist makellos sauber von behindernden geistigen Abfällen, und das Licht kann durch dich scheinen. So erst hast du dann durch dieses innere Licht immer den Durchblick.

Wie sollst du denn auch deine Seele, als die höchste göttliche Vision von dir, im gegenwärtigen Augenblick, hören können, wenn dein Geist mit dem Groll von gestern beschäftigt ist oder mit der Panik des heutigen Tages oder mit den Erwartungen an den morgigen Tag oder mit Angst, Sorge und Zorn bzw. negativen psychischen befürchtungsgeladenen „Gefühlspaketen" jeglicher Form?

Dies führt uns zum nächsten Schritt:

Versuche immer im „JETZT" zu leben!

Dein Hohes Selbst spricht immer im gegenwärtigen Augenblick zu dir, weil es nur das *Jetzt* gibt. Demgemäß ist das *„Jetzt"* da, wo die Wirklichkeit ist, und das *Jetzt* ist da, wo der schöpferische Augenblick ist.

Warum liegt der einzige schöpferische Augenblick im Jetzt?

Wenn es gestern war, hast du es als *jetzt* erfahren. Wenn du es morgen erlebst, wird es *jetzt* sein. Dieser Augenblick und jeder Augenblick, der folgt, findet im *„JETZT"* statt. Es ist niemals morgen oder gestern. Was denkst du jetzt gerade?

Welche Gedanken und Gefühle hast du jetzt gerade?

Was immer es auch ist, ist in diesem gegenwärtigen Augenblick da und auf dem Weg, sich aus der Vergangenheit in deine Zukunft zu manifestieren.

Der Schlüssel dazu, deine Seele zu hören und Harmonie in dein ganzes Leben zu bringen, ist „immer im gegenwärtigen Augenblick bewusst zu leben- „Tust du das"?

Sei nicht überrascht, wenn du bei der Untersuchung deiner Denkgewohnheiten feststellst, dass du niemals oder selten im gegenwärtigen Augenblick gelebt hast.

Wie oft bist du im jetzt mit deinem Denken ganz woanders und machst dir Gedanken oder Sorgen über Dinge, die gerade geschehen sind oder geschehen werden - spielt dein geistiger Videorecorder ständig Bilder aus der Vergangenheit und von den Belangen der Zukunft?

Wenn ja, dann gibst du damit deine schöpferische Kraft im gegenwärtigen Augenblick auf.

Echte Bewusstheit bedeutet, unmittelbar da zu sein, wo du bist, gerade jetzt, ohne Angst, Sorge oder Besessenheit um Künftiges oder Vergangenes. Wenn dir das gelingt, geschieht etwas Wunderbares. Wenn deine Aufmerksamkeit auf das Hier und Jetzt gerichtet ist, wirst du nicht abgelenkt.

Du merkst dann, dass dein Geist ganz ruhig wird und wenn das eintritt, „hörst" du dein Hohes Selbst ganz deutlich. Du nimmst alles um dich herum deutlich wahr. Du stellst fest, dass du weißt, was zu tun ist - jetzt, zehn Minuten von jetzt an, oder morgen. Du reagierst dann nicht mehr, sondern wirst zum aktiven Schöpfer deines Lebens!

Die Folge davon ist, dass du dich durchwegs zur rechten Zeit am rechten Ort wiederfindest.

Warum? - Indem du im gegenwärtigen Augenblick lebst, überlässt du dich der höheren „Intelligenz" deiner Seele, der höheren Weisheit des Lebens an sich. In diesem Zustand des Zuhörens nimmst du von Augenblick zu Augenblick seine Eingebungen wahr und reagierst darauf.

Es „führt" dich. Man kann auch sagen, dass du und deine Seele, als höchste Version von dir, sich als Einheit bewegen.

„Ich muss aber Pläne machen", sagst du vielleicht. „Ich muss darüber nachdenken, was ich in zehn Minuten oder morgen tun werde, denn sonst wird nichts geschehen".

Nun, du kannst auch Pläne machen. Du hörst niemals auf zu denken, aber sei wachsam und halte dich für neue Ideen offen, die deine Pläne verändern könnten.

ÜBER DIE QUALITÄT DER RUHE

Was sagt dir dieses Wort: Ruhe?

Ruhe ist etwas, was du gerne hättest - aber man lässt dir keine Ruhe - was raubt dir die Ruhe? Wie kann das passieren?

Die ganze Zeit über war aber doch angeblich die Ruhe da, wo ist sie geblieben? Natürlich war sie da, in dir natürlich, wo sonst?

Also, schließe deine Augen, atme ganz und entspannt und lass all deine Gedanken und Vorstellungen los. Sinke dabei von deinem Atem geführt tiefer und tiefer in deine Mitte, mit jedem Atemzug tiefer und tiefer. Bleibe dort und genieße öfter und öfter und erlebe wie sich dann auch deine Situationen im Äußeren mehr und mehr entspannen.

Jetzt bedenke, was du getan hast, um Ruhe zu finden. Die äußeren Umstände, deine persönliche Situation, waren nicht das Ausschlaggebende. Denn das, was du da getan hast, kannst du in jeder Situation tun. Das Augenschließen ist unter Umständen nicht immer optimal.

Das wichtigste war, dass du deine schäumenden Gedanken und deine Vorstellungen losgelassen hast.

Das, was du an Gedanken und Vorstellungen sozusagen produzierst, kommt aus der Welt deiner Erfahrungen. Diese Erfahrungen mit ihren Empfindungseinstellungen wiederum, entsprechen in seiner Qualität deinem gegenwärtigen Entwicklungsstand.

Du kannst keine besseren Gedanken und Vorstellungen haben, als es deinem augenblicklichen Entwicklungsstand entspricht.

Hier beißt sich die „Katze in den Schwanz":

Schlechte Erfahrungen ergeben schlechte Vorstellungen über das zu Erwartende. Diese „destruktiven" Vorstellungen und Empfindungen produzieren (*Wie innen, so außen!*) wieder die entsprechenden Erfahrungen und damit weitere Befürchtungsenergien, die sich in der Darstellung der äußeren Situationen laufend negativ in deiner Zukunft darstellen.

Du musst dich von deinen Vorstellung und Bedürftigkeiten lösen!

Erkenne, dass diese Vorstellung und die damit verbundene Einstellung von dir produziert wurden, aufgrund deines Wissensstandes des beschränkt sich empfindenden Verstandes. Da er sein Wissen aus der Vergangenheit und aus dem Erfahrenen bezieht ist es naheliegend, dass er noch erfahrungsbedürftig ist, noch nicht perfekt, noch nicht vollkommen die Situationen des Lebens überblicken könnend.

Erkennt dieser bedürftige Verstand aber die Botschaften der ihn umgebenden Situationen und Darstellungen, so ist er fähig sich in einer neuen Qualität des sich vorher Unvorstellbaren erfahren zu können.

Wie sieht das nun in der harten Praxis des Alltags aus - Wie löst du dich?

Einmal damit, dass du erkennst, es dir bewusst wird, auf welche Vorstellungen du im Sinne einer Bedürftigkeit fixiert bist, d.h. in welcher Qualität du etwas erwartest.

Hier unterscheide bitte ganz deutlich wieder die intellektuelle Ebene deines Denkens von der gefühlsmäßigen Ebene deines Herzens.

Vielleicht schwant dir wieder in diesem Zusammenhang, dass dein Verstand im Prinzip nur die Aufgabe hat, die dir gegenübertretenden Situationen und Darstellungen nur auf den Informationsgehalt, in Bezug auf dich, interpretieren zu helfen.

Es ist aber nicht seine Aufgabe diese zu bewerten und in Form von Schuld oder „Nicht- Schuld" auf den Anderen oder die missliche Situation zu schieben.

Unvergleichlich stärker aber, wirkt die Resonanz in deiner Gefühlseinstellung, die deine Situationen und Darstellungen erst im Äußeren in Erscheinung treten lassen.

Es ist dein Glaube, der Berge versetzen, Wunder vollbringen und das Unmögliche möglich machen kann. Denke hier nur an die Freiheitskämpfer, die mit der Glut Ihres Herzens Armeen besiegen.

Du kannst ruhig positiv denken. Wenn du negativ befürchtest (ist gleich „glaubst"), bekommst du garantiert das Negative. Du kannst ruhig in deinen Gedanken zweifeln. Wenn dein Herz glaubt, geht es gut. Schöner wäre es noch, wenn Gedanken und Glaube in eine Richtung gingen. Aber verlange zunächst zu nicht viel von dir. So ein bisschen intellektueller Zweifel ist für das Gefühl „des Vernünftig-Seins" scheinbar sehr wichtig.

Es befriedigt aber nur den begrenzten Verstand!

„Aber es ist so schwierig ..." - Es ist nur deshalb so schwierig, weil du noch nicht gelernt hast loszulassen, Abstand zu gewinnen. Dazu muss aber schlussendlich Vertrauen aufgebracht werden.

Die Qualität der Ruhe ist also mit Vertrauen verknüpft!
Wenn du dich da hinein fühlst, wird es dir klar.

Schöpferische Ruhe kannst du intellektuell auch nicht erfassen, Du kannst sie nur erfühlen.

Lerne diese Ruhe, die tief in dir ist, zu erfühlen. Verbinde dich immer öfter mit Dir. Kehre ein in deine Mitte.

In der Mitte eines noch so schnell rotierenden Rades herrscht Ruhe. Entscheide dich, ob du nach außen in die Rotation gehen willst oder nach innen in die Ruhe. Von deinem Aufwand an Entscheidung und Kraft, ist es gleich, nur die Richtung ist unterschiedlich und damit das Ergebnis. Solange du dich symbolisch in den Speichen deines Schicksalsrades befindest, bist du fixiert in deinen begrenzten Vorstellungen, Sehnsüchten, Leidenschaften.

Sobald sich dieses Rad symbolisch in Bewegung setzt sprich dein Leben weiterfließen oder „ent-„wick"eln"- möchte, droht es dich abzuschleudern und du krampfst noch fester. Du erkennst nicht, dass dein Standpunkt nicht mehr zu halten ist und dies erfordert eine Menge Energie, die dir Sicherheit und Ruhe raubt. Du musst deine Situationen dauernd kontrollieren, sonst entgleiten sie dir.

Ruhe findest du nur in der Mitte deines Rades, also, im Vertrauen deines Seins, im standpunktlosen Geschehen lassen können. Lass also doch gleich los und übergib dich der Führung der seelischen Absichten.

In dieser Weise, auch mit Hilfe des bewussten Atmens deine Mitte zu finden, ist vor allem sehr gut geeignet, um Gefühle der Wertlosigkeit, Versagensängste und angeblicher Schuld zu heilen. Sich mit Hilfe des Atems zu zentrieren, bedeutet sich in Kontakt zu bringen, mit deiner Seele, deiner Göttlichkeit in Dir, sich mit ihr, intuitiv kurz zu schließen und damit schöpferisch und objektiv zur Lösung deiner Probleme beizutragen.

Dies geschieht nicht nur durch ein Tun, sondern durch ein es „Geschehen lassen", also durch ein Wirken aus deinem Göttlichen heraus.

Nicht umsonst heißt es: *„ In der Ruhe liegt die Kraft".*

Du bist dann zentriert und bittest einfach deinen höheren Geist deine Heilung der belastenden Muster und damit der leidvollen Lebenssituationen im Außen in Gang zu setzen.

Deine Seele würde dazu folgendermaßen in der Einsamkeit zu dir sprechen:

„Denke einmal an das Bild des Phönix aus der Asche!

Beim Phönix geht es um das Sinnbild um die Befreiung, der Transformation deines Bewusstseins, in der Entfaltung aus dem beengten alten Egos, in das Hineinkommen in dein wahres Selbst, das über deine Unsicherheit weit hinaus gehen soll.

Du sollst nun in diesem deinem Leben eine neue Form finden, nicht mehr eine Form, gebunden in der Bedürftigkeit der Materie sondern eine Form aus dir heraus, eine Form aus der Geistigkeit, deiner Spiritualität, eine Form dessen, was du in Wirklichkeit bist.

Es ist zunehmendes weiteres Empfinden der Unbegrenztheit, das nicht starr ist, sondern offen, und das ist die Schwierigkeit für dich. Das ist der nächste Schritt deiner Entwicklung, da sich im Äußeren in Zukunft keine feste äußere Form mehr darstellen wird, an der du dich langfristig orientieren kannst, sondern nur am empfundenen Vertrauen und Glauben an das Allumfassende in Dir.

Denn nur wenn du frei bist, dich frei fühlst, das heißt grundsätzlich offen für alles, für jede neue Möglichkeit deines Lebens bist, sozusagen aus dir heraus bedingungslos, nur dann kannst du geführt werden von der Kraft des Selbstes - deiner Seele, deines „Engels".
Diese Bedingungslosigkeit ist nun nicht zu verwechseln, mit einer Schwäche, mit der du meinst, dich mit Resignation unterordnen zu müssen.

Es geht darum, ein neues Sein aus dir heraus fühlen und erkennen zu lernen.

Es soll dir helfen deine sich dann entfaltenden Qualitäten auch tatsächlich zu erkennen, dir wahrnehmbar bewusst werden zu lassen, denn tief unten im Tal deines starren beengten oder außenorientierten Bewusstseins kannst du die Weite deines Lebensraumes dort oben nie erkennen. Es sind Fähigkeiten, die du dann früher an dir nicht feststellen konntest, wenn sie jetzt beginnen zur Entfaltung zu kommen und darum geht es.

Lass dir nun aus deinem Inneren das Bild deines Engels geben, das vor dir nun auftauchen wird!

Im Vorgang deines weiten und behutsamen Einatmens, atme diese Kraft nun hinein in deine Schultern, in deine Schwingen und aus den Schultern lasse diese Kraft nun Ausströmen in deine Arme und visualisiere, dass diese Arme gleich einem Phönix, gleich deinem Engel Flügel sind. Atme diese Kraft in deine Flügel hinein. Fühle die Kraft und die Stärke, die gleichzeitig in dein Herz und in deinen Brustkorb strömt und von dort aus ausstrahlend wieder in deine Flügel, die sich immer stärker sicherer anfühlen.

All die bis jetzt vielleicht gehabten Zweifel und Unsicherheiten verschwinden, schrumpfen dann in sich zusammen, im gleichen Augenblick deines aus dir Herauswachsens, des dich Entfaltens, hinein in deine wahre Größe. Jetzt sieh und fühle dieses Emporwachsen und größer werden deines Bewusstseins, dessen, was du in Wirklichkeit bist.

Atme es ganz behutsam und erkenne dass es nur ein Kriterium deines „Still geworden" seins ist, das dich mit deiner Seele in Berührung bringt, dass du dem Licht in dir begegnen kannst.

Erkenne dabei, dass du nur in der Stille in dir in deine Ordnung kommst, und auch dass in all deinen Situationen, wie auch in der Materie eine neue Ordnung nur dann entsteht, wenn Teilchen bzw. deine Emotionen abgekühlt werden und somit auch neue stabilere Eigenschaften und harmonischere Situationen in dir und damit im Außen entstehen.

Dieses Abkühlen, dieses in dir Stille gehen, in die Ruhe, deine Gedanken, Befürchtungen, Ängste, die ja auch aufwühlende Emotionen, wie die Hitze beinhalten, abzukühlen, bringt eine neue Ordnung , neue Harmonie in dein Leben.

Erkenne, in diesem Zusammenhang, dass du schon öfters diese Aufforderung gehört hast, in diesem „to be cool" und dass dieses "to be cool" wirklich eine ganz außergewöhnliche Bedeutung hat.

Also lerne gerade in Situationen deines Lebens die dich normaler-weise nahe an den Siedepunkt bringen, dich so abzukühlen, in die Ruhe zu gehen, so dass du es schaffst, neue Eigenschaften, der sich dir in deinen äußeren sich zeigenden Situationen gegenüber darzustellen.

Das heißt im Grunde nichts anderes, als dass du eingeladen bist durch dieses ruhig geworden sein in dir, eine neue Kapazität der Problembewältigung bekommst. Du kannst mehr über den Dingen stehen und mit äußeren schwierigen Situationen besser umgehen.

Erkenne hier immer den Faktor der Spiegelung!

Das erhitzt sein in dir, bedingt durch ein gedanklich, in deiner oft emotionalen destruktiven Einstellung verharren, stellt sich im Außen entsprechend dar.

Sich dem Leben gegenüber verweigern, ist ein Kennzeichen von aufwallenden Emotionen, dass du mit deinem Leben nicht einverstanden gewesen bist. Verweigerungen erlebst du dann auch im Äußeren.

Erlebst du im Äußeren Aktionen der Verweigerung, bist du eingeladen in dir nach zu forschen, die Verweigerung also an dein Herz (an~) nehmend, wo du möglicherweise dich vorher von der allumfassenden Göttlichkeit und Liebe, dem eigenen inneren Licht gegenüber verweigert hast.

Darum ist es so wichtig zu erkennen, dass du daran immer wieder arbeitest, dich dessen erinnerst, dich hinein fühlst in das Kriterium deines Seins, um aus diesem Lichte heraus, das was sich dir im Äußeren darstellt, dich besser und deutlicher erkennen zu lernen und erfahren zu lernen.

Du wirst erkennen, dass die Dinge und Situationen, die du annimmst im „To be cool" dich nicht überwältigen, sondern du immer noch zu ihnen Stellung nehmen kannst. So wirst du lernen ein Spiel zu spielen, indem du annimmst, was jeweils der Tag und das Leben bringt, Gutes und Böses, Sonne und Schatten im Wechsel und so nimmst du auch dein eigenes Wesen an, mit seinem angeblich Positivem und Negativen und alles wird lebendiger und brauchst nichts mehr nach deinem Kopf zwingen.

(Akzeptanz - Annehmen heißt hier aber nie akzeptieren, oder sich davon überwältigen lassen, sondern es durchblicken, in seiner "liebevollen" Botschaft, für dich und entsprechend zu "RE" (Re= altägypt. Sonnengott =Re-Spekt -das Göttliche in dir - vor sich selbst!) zu reagieren!

Übrigens:

LIEBE

Ist dir schon einmal aufgefallen, dass im Wörtchen „Evolution" - „Liebe" versteckt enthalten ist?

„EVOL"ution = „Love" - Liebe ist immer der Stoff des Allumfassenden Geistgefäßes, das alles zusammenhält und ins Fließgleichgewicht bringen will.

Liebe beinhaltet immer die Thematik einer „Evolution" = Entwicklung zur größtmöglichen Verbundenheit mit Dir und der äußeren Welt.

Dieses Wachstum und die damit verbundene Selbsterkenntnis ermöglichen es erst, mehr und mehr Verbundenheit, mit Respekt im Äußeren, mit dem Nächsten zu praktizieren!

Denn Liebe selbst hat zu tun, mit deinen Begegnungen und Situationen, denen du begegnest und besonders jegliche intime Partnerschaft präsentiert dir auch immer diese Wachstumsthemen von Außen, (und dem anderen auch!) die du brauchst, um zu dir hin zu wachsen, zu deiner Einzigartigkeit!

Wenn du in die symbolische Hölle kämest, dann besteht vielleicht die höchste Qual darin, zu sehen, welch ein dummer Trottel du im Leben warst, nur von den Brosamen deines reich gedeckten Tisches gelebt zu haben.

Du bestaunst geflasht die Sahnestückchen von Abenteuern und Themenbereichen, die auf deinem Tisch der reichen Speisen und Fülle für dich, aus deiner Seele, vorgesehen waren und die du nicht beachtet hast oder nicht erkennen wolltest.

Es blieb dir unerreichbar, als geglaubtes „Böses", das nur unerkannte Kraft und Reichtum deines Herzens, ohne reichhaltige neue Erkenntnis und Erfahrung geblieben ist... und du drehst dich um und weinst und schreist bitterlich!

Wenn du dich aber in der Stille und Einsamkeit für deine Seelenkräfte öffnest, dann können eben auch Wunder geschehen:

WUNDER

Ein Wunder ist die Antwort des Großen Geistes auf Ausweglosigkeiten und Zwickmühlen deines Lebens, in dem du die Übersicht und Eigenmacht, eben auch durch schwere Krankheiten, verloren hast, und wenn du dann nicht mehr weiter weißt und du zum Loslassen deiner nicht mehr funktionierenden krampfhaften und begrenzten Vorstellungen über dein Leben gezwungen bist. Erst dann wird es ihm erst möglich, deine akzeptierte Leere in dir durch Neues zu erfüllen.

Erst die Hingabe, unter Aufgabe des verkrampften Wollens mit seinen begrenzten Glaubensvorstellungen lässt den ungeheuren heilenden seelischen Kräften Raum, sich als Wunder, aus den unvorstellbaren Möglichkeiten, von oft ausweglosen oder kranken Lebenssituationen entfalten können.

Ganz einfach formuliert, musst du vielleicht einmal von dir selbst zurücktreten und nur beobachten. Reiche deinem Verstand dabei öfters eine beobachtende Funktion unter Relativierung von Befürchtungshaltungen zu, und du wirst überrascht sein, welche Wunder in dein Leben treten können.

Wenn du so diese grundsätzliche Bereitschaft aufbringst, wirklich wundervolle Dinge der Erfüllung, des Unvorstellbaren, in dein Leben einfließen zu lassen, dann geschehen sie einfach. Ein Wunder ist dann das, was außerhalb den vorstellbaren Möglichkeiten deines Denkens und Glaubens liegt und das ist hier der Punkt:

Wenn du Wunder „einschalten" willst, dann musst du deine begrenzten Vorstellungen, Übungen, Einstellungen, Konzepte über dein Leben und die damit verbunden Affekte, Befürchtungen, Unzufriedenheit, Ärger, Hass und Zerstreuungen erst mal loslassen, die dir doch laufen negative empfundene Resonanzen, sprich „blaue Wunder bescheren".

Wunder bzw. glückliche Umstände sind sinnstiftende und zielführende Schöpfungsakte, geordnete sinnvolle Zufälligkeiten, bewirkt, durch deine Seele in der Zeit. Sie eröffnen etwas nicht Dagewesenes in Bezug auf Situationen, Personen, im rechten Augenblick, auch „Fügung" genannt.

Dies erfordert eben die Bereitschaft, gerade das Irrationale, dem begrenzten Verstand nicht zugängliche zuzulassen. Wunder versuchen Ordnung und Sinnhaftigkeit in dein Leben zu bringen, führen zu deiner einmaligen Gestaltung und Sinnhaftigkeit des eigenen Weges, vornehmlich auch innere und äußere gesundheitserhaltende Ordnung wieder herstellend!

Wunder bzw. Spontaneilungen, auch in schwersten Krankheitsfällen, wie Corona, Krebs etc. können in dieser Offenheit dann geschehen, weil bisher verdrängte seelische Kräfte ins Bewusstsein treten können, wo die Seele durch Selbsterkenntnis das menschliche „Ego", über seine „Ich" –Befangenheit, als Entwicklungsschritt hinausführen kann, wenn es zugelassen wird.
Das eben wird von einem Menschen gefordert, wenn er in Einsamkeit und Stille als Patient, einem „Geduldigen" (*Patientia= Geduld*), zur Selbstreflexion gezwungen wird, um für seine Selbstheilung bei sich selbst ankommen zu können.
Wunder entstehen nicht im Affekt, im Ärger, in Wut oder Hass. In solchen Affekten gilt es vielmehr eben Ruhe- oder erfüllende Glaubenspunkte zu suchen, die inneren gesundheitsfördernden Halt und Zuversicht fördern. Das kann eben nur wirkungsvoll über eine Einsamkeit und/oder gesuchter Stille geschehen, um sich selbst in Gänze „hören" zu können!

Der Glaube an die heilende Kraft eines Menschen oder eines Objektes kann dabei ein Schlüssel zur Wunderheilung werden. Damit sind wir bei den Placeboeffekten und ihren Heilungswundern. Wir sind anscheinend oft nicht in der Lage, heilende Reaktionen mit unserem Willen herbeizuführen, da unser Wille sich nicht direkt mit dem autonomen Nervensystem und anderen Kontrollmechanismen des Heilungssystems verbündet.

Dieses Hindernis können wir Menschen jedoch umgehen, wenn wir den Glauben, mit seiner emotionalen Vorstellungskraft, an eine Heilung auf etwas Äußeres gefühlsmäßiges Aufbauendes projizieren können. (Vgl. S 137 ff)

Die häufigste Korrelation zwischen Psyche und Heilung, ist dabei erst einmal vollständige Annahme der eigenen Lebensumstände, einschließlich der Krankheit. Diese neugewonnene Einstellung erlaubt nämlich eine tiefe innere Entspannung.
Man fühlt sich dann nicht mehr gezwungen, dem Leben in ständiger Abwehrhaltung gegenüberzustehen. Oft ist diese neugewonnene Einstellung mit einem spirituellen Erwachen, sowie Ergebenheit und Überantwortung an eine „höhere Macht" verbunden, wobei das bekannte „Dein Wille geschehe" eine große Heilungskraft sein kann.

So ist es „gefährlich", die Rolle eines starken psychischen Glaubens für ein körperlich starkes Immunsystem bei Krankheiten herunterzuspielen, wobei natürlich aktuell notwendige ärztliche Medikamentemaßnahmen nicht geleugnet werden sollen. Das ist schon dadurch bewiesen, dass ein starkes Immunsystem auch durchaus mit diesem Coronavirus „fertig" wird oder Heilung unterstützt, bis hin zu chronischen Krankheiten und Krebs!

Auch ist die Wirkung z.B. homöopathischer Heilmittel etc. als Ergänzung und Begleitung durchaus angebracht und nachweisbar. Wenn hier von „nur" angeblich existierenden wirksamen Placeboeffekten spricht, muss man umgedreht anmerken: „Warum erforscht man nicht den Placeboeffekt mehr und bzw. die Macht des menschlichen Glaubens für eine effektive Wunderheilung!"

Übrigens gibt es hierzu ein chinesisches Sprichwort sinngemäß zur (Wunder~) Heilung:

Das falsche Mittel in der Hand des falschen Mannes tötet.
Das falsche Mittel in der Hand des rechten Mannes heilt
Das richtige Mittel in der Hand des falschen Mannes zerstört!

Einsamkeit und Stille im Alltag

Wir leben in einer Zeit überbordenden Lärms, der den meisten Menschen den Zugang zum Erleben der heilsamen Stille verschließt, eben auch durch die unumgängliche mediale Vernetzung. Sie kennen die Stille nur noch dem Worte, nicht dem Wesen und der Erfahrung nach. Darum sind sie aufgewühlt, oft haltlos, innerlich zerrissen und unerfüllt und veräußerlicht durch die Vielfalt medialer Informationsdarstellungen bzw. ~ansichten.

Schon das Allein- und „Einsam"-sein ist ihnen eine Qual, noch mehr das Verweilen in der lautlosen Stille des Innern. Aus Angst vor dem vermeintlichen Abgrund der Selbstbesinnung suchen sie das Beisammensein und das Geschwätz der Menge. Sie wissen nicht, dass nur das Lauschen nach innen und die Stille den Zugang eröffnen zu wahrer Gemeinsamkeit und All-Einheit.

Darauf weist das zuletzt wiedergegebene Wort des chinesischen Weisen Chuang Tse's: „Was ich *Hören* nenne, hat nichts mit dem Vernehmen der Außenwelt zu tun, sondern ist ein Horchen nach innen".

Nur dadurch gelangen wir zum inneren Wach-, Bewusst- und „Hellhörig" werden für die Vorgänge der inneren Welt, für die Zusammenhänge deines Lebensnetzes, die den ausschließlich nach außen Gerichteten, nicht wahrnehmbar bleiben.

So ist es hohes Ziel eines sich selbst Suchenden, oft in der Stille zu verweilen und mit ihr eins zu werden. Nicht mehr *er* atmet in der Stille, sondern die Stille atmet in ihm. In ihr entwächst er der Enge und Isoliertheit des begrenzten Ichs, erhebt sich über sich selbst, erlebt seines Wesens andere, größere Seite -sein Selbst und sein „Verwoben~ und Verbundensein", mit allem, was lebt.

In der Stille wirft er Anker in seinem wahren Selbst, wird dabei mehr und mehr seines Eins seins mit dem Allumfassenden bewusst, wird zur Einheit selbst.

Hier, in dieser Stille, wird die innere Welt spürbar. Die Stimme der Stille ertönt, das göttliche Wort wird über die Intuition laut.

Sinnerfüllung des Lebens meint somit, dass man sein Dasein weise und gelassen vollendet, sein Herz an nichts hängt, was dem Vergehen unterworfen ist, das „Tun durch Nicht- Tun" übt, die Stille schätzt und sich in ihr von innen her erleuchten und leiten lässt:

„Ist stilles Wasser klar, wie viel mehr der gestillte Geist. Das Herz des Weisen ist gestillt; darum ist es der Spiegel von Himmel und Erde." (*Lao-Tse!*)

Um das zu erreichen, braucht man sich nicht in die Einsamkeit oder in ein Kloster zurückzuziehen. Dieser Weg kann mitten im Alltag betreten werden. Ort und Umstände sind bedeutungslos. Entscheidend ist allein die Bewusste Hinwendung zum Wesentlichen, die von selbst zur geistigen Erneuerung und zur Sinnerfüllung des Daseins führt. Diese Hinwendung zum Wesentlichen führt dann zur Einsicht, und alle Einsicht leitet zur Einheit mit verdautem Wissen zur Weisheit.

Wer sein Wissen nur aus den äußeren Sinnen schöpft und sich wach wähnt, weiß nichts von seiner Wirklichkeit. Der noch so Sinnengebundene ist dem äußeren Schein verhaftet wird verwirrt, darum unentschlossen und angstvoll oder depressiv. Er wird von jedem Hauch hin und her gerissen und vergeudet seine Kräfte, ohne zu erkennen, dass seine Verhaftung an die äußere Welt ihn in Unfreiheit hält, obwohl er sich vermeintlich für „frei'" hält.

Dennoch besitzt jeder Mensch etwas, das ihn von allem Außen unabhängig macht, das ihn erst seiner selbst und der Wirklichkeit Bewusst werden lässt.
Um das zu erkennen, muss er sich einwärts wenden. Dann findet und vernimmt er „Ihn", der alles schafft und beherrscht. Doch ob einer das Wesen seines wirklichen Selbstes erkennt oder nicht, ändert nichts an dessen Bestehen.

Verschließt er sich aber den äußeren Sinnen und wendet er sich dem Größeren in ihm zu, dann öffnen sich die inneren Sinne. Die Welt des Lichts wird für ihn vernehmbar und dann weiß er, dass die Welt nicht von Dunkel und ewigem Schweigen erfüllt ist.

Es ist besorgniserregend, wie sich der Mensch immer mehr medial von sich selbst ablenkt und sich für seine eigene Gesunderhaltung nicht mehr selbst zuhören möchte, um zu sich selbst zu seiner eigenen Einzigartigkeit mehr zu finden. Dies kann aber nur geschehen, wenn Verstand - Gefühl und Intuition auch beim Tun zusammenarbeiten. Das geht aber nicht, wenn er sich beim Tun, besonders beim Sport, ständig durch eine mediale Informationsflut durch ständige Smarthphone/Podcastmusik, von der wichtigen Einheit Seele - Geist und Körper ablenkt , sich dauernd von der Umwelt noch mit „Ohrenstöpseln" trennt. So klaffen selbst beim profanen Dauerlauf Denken und Fühlen auseinander, ebenso wie die sinnliche Verarbeitung der Umwelt. Es gibt dann keine Körper/Geist Verbundenheit mehr, die Erholungsabsichten relativiert. Alles ist auf das äußere künstliche Aufnehmen gerichtet. Der Körper tut etwas aber der „Geist und das Fühlen sind nicht mehr dabei! Alles ist „Fast Food!"
Der moderne Mensch degradiert sich so mehr und mehr zum Roboter, zur Konsumware. Ständiges Aufnehmen der Informationsflut als geistige Ware, ohne Verbindung zur körperlichen Aktivität verhindert noch deren innere Verdauung zur eigenen erfahrbaren Weisheit, was zudem nur in angemessenen Ruhe, Stille oder ausreichenden Schlafphasen geschehen kann, aber nie im ständigen medialen Partykurzschluss. Das fördert die Gesundheit des Menschen, was wiederum der Solidargemeinschaft steigende Ausgaben erspart, für (geistige~) Umweltzerstörungen, Depressionen, Neurosen etc., wo unverarbeitete Irrationalität, sprich verzerrte Gefühle ungelöst und unverarbeitet eingesperrt und krankheitsfördernd verdrängt werden. Wie schwierig das für diesen modernen Menschen werden kann, zeigt mehr als genug, eben die Coronakrise, wo viele Menschen, derart zersplittert, mit ihrer „erzwungenen" Einsamkeit nicht mehr zurechtkommen, weil das verdrängte Innere der Psyche mit seinen Botschaften an die Oberfläche des Bewusstseins drängen will und der Mensch es auch nicht mehr emotional einordnen kann, aber angst- und wutauslösend wirkt, wodurch wiederum das Immunsystem mehr oder minder geschwächt wird.
Letztendlich geht es um den Einklang von Intuition - Gefühl - Denken und Handeln, auch für menschliche gesunde Lebensqualität und da wäre es besser, eine distanzierte Haltung zur ständigen medialen Überflutung einzunehmen und öfters, wie Jesus in die „Wüste" zu gehen, um sich mit dem eigenen inneren Podcast kurz zu schließen.

Meditation möchte der Autor dabei hier im Sinne von „*meditare*", sich zurückziehen, sich besinnen, verstanden wissen. Du ziehst dich aus der Außenwelt in diese schon beschriebene Gedankenlosigkeit zurück. Es ist ein Rückzug von einer Außenwelt, die du jetzt erkennst als eine Spiegelung deines Zustandes, den du in der Vergangenheit verursacht hast und der vom Prinzip Ursache/Wirkung/Saat/ und Ernte unveränderbar ist.

Von diesem Bild ziehst du dich zurück, um ein Neues zu schaffen!

Damit du nicht in den Fehler der immer sich wiederholenden Situationen der bisher gehabten Resonanzen fällst, löst du dich ganz bewusst von der Bewertung und dem Festhalten deiner Situationen und Darstellungen deines Lebens.

Bekomme also Abstand dazu. Siehe diese emotional distanziert und schaffe dann neue geistige Ursachen.

Dies kann in der Meditation als Hingabe in der Einsamkeit und Stille optimal geschehen.

Hier kannst du all deine Projektionen und Gedankenturbulenzen durch dein weites und behutsames Atmen zum Stillstand bringen und dich zeitweise loslassen.

Das bringt dich dann Schritt für Schritt in deine Harmonie, in dein Gesetz deines Lebens, in den schon vorgesehenen göttlichen Bauplan, für dich.

Du flüchtest da nicht aus der Wirklichkeit!

Du sagst nur, dass diese äußeren Bilder deines Lebens für dich keine emotionale Bedeutung mehr haben und du jetzt daran gehst, neue, bessere Resonanzen, Affinitäten, Spiegelungen zu schaffen. Der Wert der alten Bilder besteht für dich im Informationsinhalt über die Qualität, in der du dich momentan befindest, aus der du dich aber weiterzuentwickeln gedenkst.

Religion, im Sinne von „*Religio*", gleich Rückbindung, verstanden, beinhaltet die Aufforderung, dich deines Ursprunges zu besinnen und dort wieder Anschluss zu suchen.

Also einmal ist das Zurückziehen in deine Mitte wichtig und beim anderen Mal die Rückbindung zu deinem Ursprung, der natürlich ... wo liegt?

Eben dort, nämlich in dir"

Dieses Zurückziehen bzw. Einsamkeit ist als ein „Abstandnehmen" gedacht, d.h. zieh dich aus der unmittelbaren Konfrontation mit den Ereignissen des Alltags zurück. Schau dich mit einer gewissen Distanz an.

Deine persönliche Betroffenheit soll bei der Frage enden:

„Was sagt es mir, im Sinne einer liebevollen Information"?

Wenn etwas schief geht, du es dir anders vorgestellt hast, so brich nicht zusammen in schierer Verzweiflung und Aggression.

Stell dir vielmehr vor, dass es die einzige Möglichkeit war, dir eine Information zukommen zu lassen, eben, weil du mit krankma-chenden Scheuklappen „vernagelt" warst.

Sie ist diese ganz speziell unangenehme Informationsdarstellung über deine Lebenssituationen für dich, besonders, wenn du fast gänzlich die Zugbrücke für deine seelische Wirklichkeit hochge-zogen hast.
Deshalb bemühe dich bitte, diese auch zu erkennen, immer natür-lich im Sinne eines Qualitätsdenkens, eines Aufforderungschar-akters.
Wenn du dich so aus der unmittelbaren Konfrontation mit dieser mangelnden oder schmerzlichen Informationsdarstellung zurück-ziehst, wenn du lernst zu verstehen, was das Leben dir sagen will, so gewinnst du eines: „Ruhe".

Aus einer Ruhe und der damit verbundenen meditativen Haltung besonders in einer akzeptierten, „schwangeren" Einsamkeit, ergibt sich Sicherheit und aus dieser optimalere Verhaltensweisen und stimmigere und damit gesundheitserhaltende Empfindungseinstellungen!

Die Stille

Menschen mit weitem offenem Geist haben Zugang in das stets rege Meer des Allumfassenden, sind offen dafür!

Dieses Meer ist beileibe keine Friedhofsruhe, frei von jeglicher Tätigkeit.

ES ist eine schwangere „Leere" und unerschöpflich, - ein Lagerhaus mit offenen Türen! - „ES" ist die Geburtsstätte aller Erscheinungsformen, die möglich und vorhanden sind.

Ein unbegrenztes Potential an Schöpferkraft ist in ihr enthalten, das nach Ausdruck verlangt. Jeder Augenblick, mit seinen Situationen ist das Tor. So kann jede Bewegung, jede Idee, jeder Wunsch zum Samenkorn einer Schöpfung werden. Kreativität und Inspiration sowie Assoziationen geschehen einfach in dieser Stille und Leere beim Loslassen des kleinen „Ich" - Willens.

Spontan ermöglicht sie die Geburten aus dem Allumfassenden Geist aus dem alles was ist und sein kann, existiert - Beim Loslassen von Leistung, Druck, Norm, Moral und Denken steigt dieser Geist aus der Flasche ins Bewusstsein auf und kann sich dort entfalten.

Er sorgt durch diese Stille für das Material, das Wissen und Kunst erschafft und Gefühle und Formeln folgen diesen kreativen Inspirationen nach, verbunden durch den notwendigen Prozess des Denkens, der es in materielle oder geistige "ER„- „Schein"-ungsformen" bringt.

„Wir brauchen nicht in den Himmel hinaufzusteigen noch aus uns selber hinauszugehen. In der Welt selbst und der eigenen Tiefe finden wir die geheimnisvollen Bereiche, in denen wir Gott erleben können."
(Theresa v. Avila)

Nebenbei! - Der Tod ist dabei in diesem Zusammenhang, auch durch mich, als Coronavirus, im Prinzip ein energetischer sehr machtvolles Schöpfungsakt, die das bestehende psychische energetische Muster der Körperlichkeit auflöst und sich in einer neuen Geburt neu formiert.

Es ist vergleichbar, dem Drängen durch das Tor einer neuen Geburt in das polare Leben, mit einer neuen körperlichen Form, mit dem Tod andererseits, in eine neue Geburt, durch das Loslassen der alten Form. Der Geist ist also viel weiter zu sehen, als nur ein einziger Körper, der sie in einer begrenzten Zeit, ausdrückt.

So sind Geburt und Tod eigentlich dasselbe Tor! - das Loslassen der körperlichen Form, die ja nur an Raum und -Zeit gebunden ist! keine große Sache für die Seele, wenn ein Lebenszweck erfüllt ist oder auf der jetzigen Ebene, durch mangelnde Einsicht im begrenzten zubetonierten Menschen, nicht mehr weiterführt und es geschieht gar nichts, ohne das tiefe Einverständnis aller anderen, auch wenn dir diese Aussage vielleicht sehr befremdlich vorkommt!

Der Unterschied besteht lediglich darin, dass bei der Schwangerschaft bzw. Geburt psychische Energie in Materie – konturierter Geist verdichtet (Hardware!) wird und beim Tod nimmst du das mit was du alles an psychischer Erfahrungen erlebt hast (Software!), um es wieder in eine neue körperliche Geburt einzubringen.

So gesehen, ist der Tod tatsächlich ein machtvoller Schöpfungsprozess!

Deine „Homepage" - sprich dein „geistiges Selbst"- bleibt dabei eingebettet, als „Register vorhanden, aber gleichzeitig verwoben mit dem gesamten Bewusstseinsfeld. Alle Gefühle, Gedanken und Bilder werden dort eingespeichert und stehen gleichzeitig in der allumfassenden „Bewusstseincloud" allen zur Verfügung bzw. beeinflussen diese mehr oder minder auch als „Hot Spot"!
(Vgl. R. Sheldrake: „Das morphogenetische Feld")

Nichts wird da vernichtet! - nur die Form - deine "sinnlichen" Erfahrungs-"Werte" deiner Seele, die „Er" ja gleichzeitig ist - wie die Welle und das Meer - sind aber nun der Göttlichkeit "Schatz", ihr quasi Erfahrenes , mit der sie quasi nach Ablegen der existierenden Form, in eine neue Form übergeht und daraus schöpft, sich quasi mit und über das Erlebte eine neue Erfahrungswelt aufbaut, die sie wieder spiralförmig, quasi in einer Art Evolution weiter ausbaut um sich in den vielfältigsten Facetten zu spiegeln! - und jede Erfahrung macht sie quasi "reicher". Sie bleiben dein „himmlischer Schatz" und auch der „Zauber von Tränen" ist nicht umsonst!

Bei Gott gibt es nichts, was umsonst ist. Wirklich alles führt letztendlich zu ihm zurück. In jeder Seele, in jedem Geschöpf ist immer auch die ganze Göttlichkeit erhalten - Alles wirkt in Allem – Jeder "Punkt" des göttlichen Bewusstseinsmeeres ist „göttlich"- d.h. allumfassend und unbegrenzt! - sowie auf körperlicher Ebene- in jeder Leberzelle, in jedem Organ, in jeder Zelle - der ganze Mensch mit seiner ganzen Evolution enthalten ist!

„Alles spiegelt sich da in Allem"!

Dieses Gesetz, ergänzt durch „Wie oben, so unten, wie innen so außen" - kennt selbst die heutige Medizin aus der Zellforschung. Jede Zelle ist spezialisiert auf eine ganz spezielle Funktion, trägt aber den ganzen Bauplan des Menschen im Kleinen in Genmustern mit. Diese Muster sind aber nicht unveränderlich, sondern gruppieren sich durch Bewusstseinsveränderungen bzw. ~erweiterung stets neu! *(Epigenetik!)*

Dieses Hologrammprinzip ist bekannt aus der Laser-Fototechnik: Hier werden sogenannte „Holografische Bilder" mit einer bestimmten Laserbelichtung auf einer Glasplatte erstellt. Das Unglaubliche daran, ergibt sich dadurch, dass beim Zerschlagen dieser Glasscheibe das gesamte Bild, bloß unschärfer, auf jeder einzelnen Scherbe wieder zu sehen ist. Jedes Teil spiegelt sich im anderen: „Alles ist in Allem enthalten".

Die Suche nach dem Weltengeist

Alles spiegelt sich in Allem"! d.h. Alles ist einbettet und verwoben miteinander!

Wenn etwas als Ur- Grund (Gott!) von allem existiert, muss es allumfassend sein, weil außerhalb von ihm nichts existieren kann. „Alles was ist", ist somit kein Teil von ihm, sondern eingebettet und „verwoben"!
Somit wäre auch jeder symbolische Punkt in diesem allumfassenden Bewusstsein göttlich d.h. „Allumfassend" - bzw. aus diesem Bewusstsein bestehend.

Da jeder „Ort" im unbegrenzten „Weltengeist" (Vgl. bildlich „Meer") „Göttlich" ist, ist also auch das Erschaffene (Vgl. „Welle" bzw. seine „Wasser") absolut göttlich, sämtliche Möglichkeiten beinhaltend, also „Allumfassend". So ist „Gott" eben als „allumfassendes Hologrammbewusstsein" die Erfahrung von „Allem, was ist" und er erkennt sich in jeder Seele, als Aspekt seiner „Selbst" in Erfahrung und jede Erfahrung macht ihn „reicher". Der Geist ist als kein Ding, sondern ein Prozess in ständiger Evolutionsgestaltung!

Jeder Mensch ist beides - Gott in Spezialisierung und in ihm, als sein geistiger und sinnlicher Ausdruck, in einer seiner Facetten - ein „Walk In" quasi, das sich in dem Gesetz wiederum ausdrückt:

"Wie innen, so außen, wie „oben so unten!"

So wirkt auch das Bewusstsein jeder Zelle im und damit im ganzen Körper und seinem Geist, sowie der Mensch mit seinem Bewusstsein – mit seiner Seele wieder im Bewusstsein des Weltengeistes wirkt und dieser ihn auch umgekehrt im Seelischen „spiegelt". Es ist wie die Regenbogenkette, in der diese sich in allen Farben bzw. Seelenkräften spiegeln bzw. erkennen kann!
(Vgl. Jesus: „Was ihr dem geringsten meiner Brüder habt getan, das habt ihr mir getan!)

So ist also auch in jeder Seele, wie in jedem Geschöpf, in jeder Zelle, immer auch die ganze Göttlichkeit erhalten – „Alles ist in Allem" - Jeder "Punkt der Göttlichkeit" ist göttlich, allumfassend und unbegrenzt!

„Eine jede ursachet und macht die andere, keine ist die erste noch letzte, sondern es ist das ewige Band."....(Jakob Böhme - Mysterium Magnum)

Konfessionsdenken oder Egoismus, die da meinen, mehr wert zu sein, als der Andere, sowie abhängig machende „Leidenschaften" wie auch vornehmlich intellektuelle Betonungen, „verschleiern" das Bewusstsein für den „Großen Geist " im Innern, während Großzügigkeit, Selbst- und Nächstenliebe und Verbundenheit mit der Schöpfung ihn unbegrenzt wirken lassen, wobei natürlich das Fließgleichgewicht zwischen: „Liebe deinen Nächsten, wie DICH Selbst", schon immer erkenntnisauffordernde Abenteuer sind!

Die Beschäftigung mit dem „Großen Geist" - der „Weltenseele" - in uns, wirft ein hochinteressantes Licht auf unsere eingefleischte einseitige christliche Einstellung zur Moral, von „Gut"-versus „Sünde"- und „Böse" und eben auch Krankheiten, bis zu Epidemien, wie „Corona".

Somit kennt das Göttliche, sprich Allumfassende, auch nicht das „Schöne und Gute" bzw. angeblich Wertvolle! – „Denn sein Auge ist zu licht, um Dunkelheit überhaupt sehen zu können" *(C.G.Jung)*

Alles dient seiner sich selbst bereichernden Erfahrung und es kommt darauf an, was der Mensch erschaffen will. Darauf antwortet „Es", als der Große Geist, auch oft „Weltengeist " genannt, immer:

„Der wirkliche Umgang des Menschen in Gott hat an der Welt nicht bloß seinen Ort (z.B. die Kirche), sondern auch den Gegenstand, deine Situationen im Alltag. Gott redet zu dir, zum Menschen in den Dingen und Personen und alltäglichen Situationen, die er dir immer liebevoll ins Leben schickt, damit du dich daran erkennst.

Der Mensch antwortet mit seinen Handlungen und Entscheidungen eben an diesen Wesen und Dingen, um zu lernen, mit seinem Leben, mit seinem ganz persönlichen Leben sich selber mit Gott zu verbinden, wenn er diese Botschaften lernt richtig zu lesen." *(Hermann Hesse)*

So ist das angeblich „Dunkle", der eigene Schatten mit seinen bedrängenden Situationen und Krankheiten im Prinzip eigentlich nur ungewandelte Kraft, die es zu „durchlichten" bzw. anzuschauen gilt und nur das was bewusst angeschaut und damit durchblickt werden kann, kann auch verändert werden!

Gott würde dazu sagen: „Ich bin" - „Dein Wille geschehe" – „Ich bin" dein Diener und gebe dir alles, was du brauchst, aus der Kraft deiner Überzeugung und Glaubens!" Also nicht was ich für dich erschaffen habe ist es, sondern, was du erschaffen wolltest, gebe ich dir! und antworte dir geeignet früher oder später darauf, wie es für ein Fließgleichgewicht „Not"-„Wend!"-ig" ist!

Dazu gehören auch jegliche Epidemie und Pandemie, quasi als Entwicklungsverweigerung!

All diese Misslichkeiten sind also Antworten des „Großen Geistes" darauf, wie es mit stattfindenden sozialen, kriegerischen bzw. epidemischen Misslichkeiten auf der Erde gemeint ist, als eine „rein liebevolle Informationsverdichtung", der man mit Gedanken und Empfindungen von Verbundenheit und entsprechender Steuerung im Sinne von Selbsterkenntnis von "Finden, was wirkt" bzw. „Zu was fordert es mich auf?" - und „Wofür" begegnen sollte.

In dieser Zusammenarbeit sollte man diesen, mit seinen Seelenkräften, begegnen, aber nicht in verurteilender polarer Unterscheidung von „Gut/Böse/-Wertvoll oder Hässlich". Eben deswegen hat das Göttliche – „die Weltseele" - keinen Weltethos auf mosaischen Gesetzestafeln eingemeißelt und zementiert!

Wer da aber nur im "Moralischen" - sprich in Konfession, Ethik, Sitte und Mainstreammoral, mit einem Sünden- und Strafendenken eben sein Heil sucht und dort in vermeintlicher Ruhe und gefräßigem Egoismus verweilt, landet in der Hölle der Selbstkreuzigung.

Er findet so nie in die Heldenreise seiner Selbsterkenntnis zur eigenen Einzigartigkeit und schon gar nicht mit dem beschränkten "ICH"!

Solange jemand nur "ICH" sagt, hat er nur sich zum Ziel, aber nicht seine Erkenntnis "Wie kann ich mich in das Lebensnetz lebendig so einbringen, dass ich eingebettet bin in „Alles, was ist"!

Symbolisch gesehen, kennen wir das auch aus der Mythologie der Bibel - in der Geschichte von „Kain und Abel" - wie in dieser, „JHWE" Kains Opfer „verwirft". Abel hatte bei seinem Opfer nicht nur sich im Sinn, sondern Verbundenheit mit dem Großen Geist und für das Leben. Kain hingegen, hatte nur das "Ich" zum Mittelpunkt!

Liebe deinen Nächsten – wie dich selbst!

Das geht aber in sturer situationsunangepasster oder konfessioneller Weise nicht! – genauso wie dieses ständige:

„Sei du selbst!" - Davon leben Tyrannen, Diktatoren und Psychopathen!

Wir müssen uns immer vergegenwärtigen, dass wir nicht getrennt leben, sondern in einem Lebensnetz - Jeder lebt ein Stück Leben vom anderen, dafür auch Verantwortung tragend - Das ist Verbundenheit und ohne die geht es nicht, genauso wie in der Natur, die auch auf Kooperation angelegt ist!

Alles ist mit allem verbunden und der Einzelne lebt nicht in einem Rapunzelturm, gleich einer lebenslangen verordneten Quarantäne!

Das Gleichnis:

Könnte es dabei im Zusammenhang mit der Coronaepidemie sein, dass es gar nicht hilfreich ist, die Frage zu stellen: Woher kommt das Coronavirus? – sondern was schwächt das Immunsystem der Menschen in ihren Lebenseinstellungen und ~haltungen, auch zur Natur, (genauso wie in der einpferchenden Massentierhaltung), so dass ein schon vorhandenes, bisher un'schein'-bares (mutiertes~) Virus zu tödlichen Gefahr als Corona werden kann!

Irgendwo lebte eine Herde von Stachelschweinen - Da wurde es plötzlich bitterkalt - Sie wären alle erfroren, wenn sie sich nicht zusammen gedrängt hätten, um sich zu wärmen.

Aber sie stachen sich alle gegenseitig schmerzhaft in das Fell. Also mussten sie wieder auseinander rücken. Es wurde ihnen aber wieder kalt – Viele erfroren so. Den Vorgang wiederholten sie dann mehr und mehr „freiwillig!" oder gezwungen, in einer Art kollektiver Selbsterkenntnis. Sie mussten es ja, quasi als schmerzhafte „Informationsverdichtung" als wahrgenommene **„Kältecorona"**! so lange, bis der richtige gesunde „Grenz!"-abstand hergestellt war.

Die umgebende Luft kann also eigentlich nichts dafür, wenn sie tödlich wirkt - aber das Verhalten der Stachelschweine –sprich Menschen?

Das sich flexible Begegnen in Beziehungen ist unbedingt für die Ganzheit notwendig!

Ansonsten bleibt diese Selbstfindung ein Prozess im Elfenbeinturm etwas ein Innerliches- Alles wird mit sich selbst abgemacht, Anregungen von Außen werden nicht aufgenommen, aber nicht als Anregungen zurückgemeldet - Das kann zu diktatorischen , sturen, ideologischen Auswüchsen führen, da die Zugbrücke nach innen geschlossen ist!
Die wechselseitige Belebung und die Auseinandersetzung mit dem eigenen Schatten, dem „Bösen", wird verdrängt, was unweigerlich in irgendeiner Form zur schmerzlichen Schicksalsverdichtung, sowie zu persönlichen oder kollektiven Katastrophen – auch Krankheiten führen wird!

Natürlich ist der Drang zu Selbstwerdung auch ein Drang zur Grenzüberschreitung innerlich als auch äußerlich in der Beziehung zur Umwelt. Das heißt, dass überhaupt alle Grenzen die im Moment gelten immer wieder auch in Frage gestellt werden müssen um so einen beharrlichen Selbstfindungsprozess in Gang zu halten!

Das dient dann auch der gesunderhaltenden Lebendigkeit für alle!

Genau hier möchte auch das Symbol des Coronavirus aufmerksam machen!

Wenn der Bezug zu der inneren Quelle, der Seele, mit ihrem Bestreben nach Verbundenheit, mit allem was ist durch Ethik bzw. Moral ersetzt wird (*was mangelndes Bewusstsein für das Innere bedeutet*), dann wirkt sich das verheerend aus, weil es nur noch um äußere Macht mit Regeln und Normen und Tabus geht, aber deren Sinnhaftigkeit verloren ist!

Wir sehen da deutlich, wie unmöglich es für das Tagesbewusstsein alleine ist, die Gegensätze zu vereinigen; sie auf „einen Nenner" zu bringen. Nur das Innerste der Seele kann das „bewirken", wenn die Menschen die richtige Teilhabe mit einem undogmatischen offenen Geist für seine Weisheit daran hat.

Im offenen Dialog zwischen dem „Ich" mit und seinen inneren individuellen Seelenqualitäten, in denen sich das Göttliche über seine Bildwerke (Seele, Selbst) manifestiert, sind deren Inhalte dann wirksam in das Bewusstsein und Leben mehr und mehr erfüllend integriert und Krankheiten sowie schmerzhaftes Schicksal erübrigen sich!

Auf diese Weise können Schwierigkeiten bzw. Störungen in der eigenen Psyche und damit in der Lebensführung überwunden werden. Heilung und Erweiterung der Persönlichkeit, mit neuem Erleben im Außen, werden möglich - d.h. „Es geschieht einfach!

Als ein sogenanntes „Erwachen" oder „Erleuchtung" würde das aus moderner psychologischer Sicht bedeuten, dass ein begrenztes Tagesbewusstsein immer mehr hin wächst bzw. sich erweitert hin zu deinem Selbst, als die höchste Version von dir!

So ergriffen, wird der Mensch nun ein Wesen, das immer bewusster handelt und durch Handeln ein Bewusstsein erlangt, mit der er sein Leben mit einem zunehmend weiteren Horizont überblicken kann und es fließt!

Das Bewusstsein des Selbstes - seiner Seele- ist dann mehr und mehr erfahrbares "bewusstes Sein", das Weisheit umfasst, sprich verdaute eigene Erfahrung und die Erkenntnis, welche Anlagen und Möglichkeiten ihm offenstehen!

Dafür muss er aber gerade da und jetzt die Eigenverantwortung für sein Leben, in der offenkundigen Erkenntnis der zielführenden Ordnung seiner Seele, weiter tragen, d.h. wie er mit deinem weiter existierenden "Ego" damit umgehen will.

Er erfährt dann mehr und mehr eine Wahrnehmung mit Zusammenhängen über sein Leben, die weitaus größer sind, als sein bisheriges menschliches Tagesbewusstsein es je erfassen kann!

Es ist eben ein Gefühl, als sei man zum ersten Mal aus der Dunkelheit gekommen und registriert ganz deutlich, wie unbewusst doch die eigene Bewusstheit bisher gewesen ist. Das kann ein durchschlagender Augenblick der Freude sein, wenn man sein Selbst plötzlich und vielleicht sehr ergreifend, zu spüren beginnt.

Das Leben bekommt dann eine andere Qualitätsbewertung mit höherem Mut und Zuversicht, aber der Mensch ist weiter in seinem Leben in Raum und Zeit in einer größeren erkennbaren gesellschaftlichen Eigenverantwortung.

Solche Menschen durchblicken aber ihr Leben und es fließt, weil sie sich mit dem Leben verbunden fühlen. Ihre Intuition, Verbindung mit Gott, Gefühl, Gedanke, Wort und Tat sind mehr und mehr eins. Sie fühlen sich mehr und mehr erfüllt, ohne irgendein "weil" daran zu heften.

Sie werden noch mehr zum agierenden Schöpfer ihres Lebens, weitaus sinnerfüllter und in lebendig anfühlender Weise. Sie sehen zunehmend ihre Situationen in einem ganz anderen, umfassenderen Zusammenhang bzw. weiterer Perspektive, was ihnen wiederum neue Handlungsmöglichkeiten und Durchblick, mit mehr erfüllenderen und lebendig erregenden Gefühlswelten und Erleben ermöglicht.

Dann erst kann er wirklich zur Krone der Schöpfung werden und braucht für seine Entwicklung dahin nicht die „Crone" eines Virus - als schmerzliche Informationsverdichtung eines Giftschleims (Virus!), die ihn zur Katastrophe - sprich zur Notwendigkeit einer Umkehr -zwingen möchte, wenn er diese verweigert!

Wer krank ist, an dem prüft Gott das Vertrauen in ihn?

Nein! – Krankheit hat nichts mit Prüfung zu tun, sondern es ist eine Aufforderung, dass etwas über dich zur Erkenntnis in dein Bewusstsein kommen will!

Warum sollte Gott ein Vertrauen zum Menschen prüfen?
Schon die widersinnige Geschichte von Hiob, wo angeblich Gott mit dem Teufel um Hiob pokert, zeichnet ein menschlich begrenztes Bild von Gott, der einer Versuchung, dem Laster des Glücksspiels erliegt, zu dem ihn der angeblich existierende Teufel verführt.

Meinst du ein Mensch, als Gottes Ebenbild – als Göttliches in einer körperlichen Erfahrung, kommt auf die Erde und er hat eine Erwartungshaltung, dass irgendjemand sich so oder so verhalte? – und muss noch von diesem geprüft werden?

Nein! - Gleich eines sich entfaltenden Schmetterlings, gleich wie die Raupe die eingehüllt, eingeengt gewesen war, ein altes Empfinden abstreift, möchte aus dir wieder der neue Mensch entstehen, um diesen neuen Menschen, sein Seelenbild – eine höhere Version wieder aus ihm zu gebären, darum geht es nun in Dir.

Der neue Mensch einer neuen Zeit, nicht weit davon entfernt von Göttlichkeit, ist dein Ziel. Du, als ein göttliches Wesen dem Lichte, dem Himmel, Gott dienend, wissend, dass du sein Personal, in seinem Gewande, hier auf Erden bist.

Das wirkliche Selbst in dir - ein bewussterer Mensch soll geboren werden bzw. erwachen. Er soll leben, als dein neues Sein, am anderen Ufer. Aber dieses neue Sein, am anderen Ufer, hat mit dem was es zurückgelassen hat, nichts mehr gemein. Es wird ergänzt durch: „Dein Wille geschehe" und ich lasse „SEINE Realität" durch mich fließen und gestalte sie!

Fragt der Schmetterling, der dem Kokon oder dem Raupendasein entschlüpft ist:

Was habe oder hatte ich dem Kokon oder Raupe zu tun?

Schleppt der Schmetterling den Kokon mit oder die alte Raupenhaut?

Nein! – Nur du bzw. der Mensch schleppt seine alten maroden Empfindungseinstellungen auch in Form von verstaubten mythologischen „Heiligen Büchern" mit.

„It`s Time to say Good Bye"! - heißt doch ein dir bekanntes Lied!

Es ist Zeit „Lebewohl" zu sagen generell gilt das für jeden von uns. - zu all dem was dich an deine Vergangenheit erinnert oder bindet eine klare Zäsur zu machen - Bis hier her und nicht weiter!

Hier ist das Stopp!- das Ende! - Da ist der vermeintliche Abgrund - auch im Bild des „Coronavirus"! d.h. bis jetzt strebtest du die Dinge allein, mit deinem begrenzten Willen an und nun bist du am Ende, der ein neuer Anfang sein soll.

Was ist da sozusagen deine Brücke! - was kann dich über den Abgrund bzw. hin zum Schmetterling bringen, damit du akzeptierst, bereits am anderen Ufer zu sein und auch dort anzukommen?

Gott umgibt dich, diese Weltseele ist über den Ausdruck der Seele, als sein vollkommenes Bild in dir - Der Himmel umgibt dich bzw. der Himmel ist in dir, als deine anzustrebende seelische Ordnung!

Wie kann ich mich lösen, mich trennen, frei werden von diesem alten Zwängen und Fesseln, die mich immer wieder nur im Kreis drehen lassen, wie in einem Hamsterrädchen?

Eine Stimme aus weiter Ferne und dennoch ganz nah in deinem Inneren und vielleicht auch im Herzen sagt:

Stirb! - Sei bereit zu sterben in eine neue Zukunft, die dich noch näher zu dir bringt. Als Geburtserleichterung geht es letztendlich immer wieder um diese Erkenntnis: „Gott ist in mir und ich bin göttlich".

Lass es in dir wirken und als eine magisch-energetische Übung sehen, die deine Geburt erleichtert. Fühle dich weit und behutsam atmend in dieses Neue ein und benütze hier in diesem Zusammenhang vielleicht auch das gefühlte und gedachte Mantra:

„Ich Bin" dieses Neue – „Ich Bin" dieses Neue,
dieses neue Unbekannte, Unvorstellbare"

Fühle über deinen weiten und behutsamen Atem wie es in dir stärker und stärker wird, wie sich dieses Neue über dein Altes erhebt, wie der Phönix aus der Asche, der Schmetterling aus dem Kokon, der Lotus aus dem Schlamm über das Wasser, hinein in das Licht erblüht.
So wirst du sehen und erfahren, dass es dir gelingen wird, die Situationen deines Lebens und deiner Körperlichkeit zu verändern, über die erfüllende Energie deines klaren Herzens, das sich mit den Kräften deiner Seele in Verbindung gesetzt hat. So beginnst du dich Schritt für Schritt deinem wahren Sein, sprich „Sinn" zu nähern. Sei bereit, deinem wahren Wesen entsprechend, das Göttliche in dein Leben zu lassen.

Das bedeutet aber gerade, in einem konkreten Falle, von Krankheiten, bereit zu sein, dem Göttlichen bzw. deinen Seelenkräften in deinem Leben vertrauensvoll Raum zu geben. Das bedeutet, zu räumen, Platz zu machen, Altes, nach wie vor Vorhandenes zu eliminieren, es wegzugeben, es loszulassen, nicht in alten Empfindungseinstellungen daran zu hängen.

Das soll auch im Gleichnis von der Raupe „Falter" noch ein-mal verdeutlicht werden, das viel über die menschliche Hybris zurzeit begreifbar machen soll. Ob man nun statt Raupe den Begriff „Mensch" da einsetzt, bleibt sich gleich!

Die Raupe „Falter"

Es versammelten und vermehrten sich einmal ungeheuer viele Raupen am Fuße einer großen Eiche, um hoch zu kriechen zu den wirklich großen Blättern, an den großen Ästen nahe dem Licht, die reiche Nahrung versprachen, besser als die halbvertrockneten, fast ungenießbaren Blätter, von den kleineren Ästen unten am Stamm!

Es war ein Gedränge und ein Kampf um die besten Plätze und jeder wollte sich hoch kämpfen und schubste und verdrängte, um möglichst viel zu fressen. Diejenigen, die schon oben waren wollten von der reichhaltigen Nahrung nichts hergeben und stießen die hungernden Nachdrängenden wieder zurück.

Gleichzeitig bildeten sie viele eigenständige Raupenvölker, die sich gegenseitig bekämpften, um für sich alleine die begehrte Nahrung zu bekommen! Aber mehr und mehr wurden auch da die Blattreserven knapp, auch weil sie nicht so schnell nachwachsen konnten bzw. die Vermehrung von Raupen sich explosionsartig ausweitete.

So wurden die meisten Raupen überhaupt von der benötigten Nahrung ausgeschlossen, waren verzweifelt und resignierten entkräftet und hungernd, mehr oder weniger von den Brosamen der von den „Reichen" dort oben als Almosen oder Brösel herunter regnete.

Aber selbst die reichen Raupenvölker von dort oben, wurden vom dem Abwehrkampf selbst mehr und entkräftet und drohten mehr und mehr vom mehr und mehr verdorrenden Baum herunter zu stürzen, weil sie sich nicht mehr festhalten konnten. Denn ihr alleiniger Lebenssinn bestand darin zu fressen und zu konsumieren, als Lebensaufgabe.

Sie begriffen alle nicht, dass der Lebensbaum, mit seinen vielen grünen Blättern, von dem sie fraßen und ihnen ja Sauerstoff über diese, zum Leben gaben, selbst am Ende seiner Versorgungskapazität angelangt war und alsbald nicht mehr in der Lage sein würde, ihr Überleben mit dem Sauerstoff zu sichern.

Selbst an den kleinen Ästen weiter unten, waren die Knospen ab-
gefressen und konnten keine weiteren Blätter mit Früchten
produzieren, um sich zu erhalten.

Bei den Raupen aber war da keine Einsicht!

Es ging weiter, in vielen Kämpfen auf und ab und ab – gegenein-
ander um die reichsten Futterplätze und viele gaben entkräftet auf
oder starben nun an Erschöpfung am Fuße des Baumes!
Die ganze Sinnorientierung dieser Raupen lag nur darin, größer zu
werden und immer mehr zu konsumieren an ihrem vermeintlichen einzigen Lebensraum, der ihnen Nahrung gab!

Sie unterlagen alle wie hypnotisiert der vernünftigen Überein-
kunft ihrer gesellschaftlichen Moral, die sich mit gierigen Besitz-
ansprüchen benahm, wie hungrige Mägen:

„Nimm, Nimm, gurgelte es im Magen, der seinen vermeintlichen
Wert lebt, wie es ihm gefällt, bis alle anderen Organe schließlich
verhungern oder dagegen protestieren und der habgierige Magen
gar nicht registrieren will, dass er damit ebenfalls zugrunde geht.

All diesen Raupen an den großen Baum erschien nun mehr und
mehr im Traum der große Lebensgeist in Form einer Schmetterlingsfee und zeigte ihnen das Bild eines flatternden bunten
Schmetterlings. Diese forderte sie auf, ihre bisherige Form zu verlassen und sich in eine neue, in ihnen vorgesehene Existenz, mit
größeren Freiheiten und Möglichkeiten, zu verwandeln und dafür
sich eben zum Schmetterling zu entpuppen!

„Nein! – sagten aber viele, sich aus der Raupe entpuppenden
Schmetterlinge. Wir bestehen auf unserer Raupenfreiheit als Rau-
penrecht und ~Würde! Wir wollen das nicht, denn die anderen
Raupen – meine Freunde könnten mich wegen meines Aussehens
und meiner Fransen (Flügel!) missachten und ausstoßen! – bzw.
auslachen!"

Das Bewusstsein und die Handlung der Raupe(n) blieben so in ihrer Vergangenheit, dem Altbekannten, in das Festhalten einer Barbarei der Vergangenheit verhaftet. Sie erkannten die Notwendigkeit zu Bewusstseinsumkehr noch nicht"

Sie versuchten sich nun mit körperlicher Gewalt ständig in ihren Raupenkörper bzw. Kokon hinein zu quetschen, das weitere Entpuppen, bzw. neue Geburt noch verhindernd - während sie aber doch weiter in die neue Form wuchsen und dafür noch viel mehr Raum brauchten!

Irgendwann bemerkten sie, dass die Energie dazu nicht mehr reichte und das machte wütend und hilflos und die Anstrengung wurde verdoppelt! - Keine Einsicht war da, ihr Verhalten und Einstellungen nun hin, zum leichten transformierenden Wachstum, auch unter gegenseitigem „Mut machen", zu lenken!
Ihr Immunsystem war dadurch dabei so geschwächt, dass es nicht einmal durch Viren – Corona- oder andere Krankheitskeime mehr entgegenhalten konnte!

Um diese Misslichkeiten zu beenden, wandten sie sich zudem auch noch an ihre Raupenpriester, die sie lehren sollten, das Übel ihrer Krankheit, das sie einem kleinen, plötzlich auftauchenden Virus zuschrieben, in Verbindung mit Gott und dem Glauben und Hoffnung weg zu beten und so um „Vergebung für angebliche Sünden" zu bitten, um Heilung zu erlangen! - Aber es funktionierte einfach nicht!
Sie erkannten alle nicht, dass jenes angeblich „Böse"- insbesonders bei Corona, wie ein Schatten ist, der einen wesentlichen Schlüssel als „unerkannte heilsame Kraft" in sich birgt.
Man kann ihn nicht finden, wenn man laufend im Hellen einer Laterne bzw. im Außen oder in konfessionellen Dogmen sucht, sondern dafür die Fragen über das Innere beantworten sollte:

Zu was fordern die Situationen auf - Wo ist zu wachsen?- Was macht krank? –Was schwächt? – und „Worin besteht die wirkliche Absicht des Weltengeistes?"

Diese Raupen konnten eben damit keinen Mut und heilsame Kraft, über das innere Geklärt sein und göttliche Einsicht finden!

Schließlich hatten sich viele Raupen selbst zerquetscht, starben an Erschöpfung oder an ihren inneren Verletzungen und Infektionen, infolge mangelnder Entwicklungseinsicht!

Von Konfessionen und Verschwörungen

Sich ein Bild von Gott, sprich dem Allumfassenden , des Urgrundes zu machen, ist die eigentliche „Ursünde", die eigentliche **Verschwörung** und der Krieg gegen das Leben!

Deswegen sind im Grunde alle Konfessionen (**Weltreligionen!**) von Übel, denn sie schauen symbolisch auf ein Meer, dieses Gott nennend, Inspirationen und Ahnung davon lediglich seiend, aber nicht hinein, was wirkliche Gotteserfahrung bedeutet!

Sie verurteilen Gott zu einem menschlichen Wesen, verstoßen gegen ihr eigenes Gesetz:

„**Du sollst dir kein Bild von Gott machen**" und machen die Liebe, sprich Verbundenheit mit Allem was ist, zu ihrem eigenen begrenzenden moralischen Gesetz, das angeblich nur unter Strafe, Verdammnis und Höllensklaverei gebrochen werden kann.

Die wirkliche Selbst~ Liebe ist aber nicht die Sklavin von Glaubensregeln – Sie ist die einzige „Energie", die Verbundenheit aus dem Inneren herstellen kann, ohne Gesetze zu bemühen.

Wenn konfessionelle Liebe verordnet wird, führt das in krankmachenden Hass, Eifersucht, Misstrauen, Gier und Neid. Es gibt also keine größere „Sünde", die mehr krank macht, als die verordnete menschliche Liebe, mittels einer menschlich begrenzten Vorstellung von Gott.

Wahre Liebe umarmt alles was ist und nährt sich und alle Dinge, aber sie wirkt nicht als Meister, der belehren will. Sie kommt aus der inneren unbegrenzten tiefen Quelle, die mit allen verbunden ist, damit unbegrenzt seiend und nicht aus der äußeren Regel einer Moral oder eines absoluten Gesetzes stammt. Um Friede und die viel zitierte Liebe als Gesundheitsförderung in die Welt zu bringen müssten wir also rigoros alle Konfessionen streichen, die alle mit künstlich grenzziehenden menschlich belasteten Gottesbildern arbeiten.

Es war ein wunderbares erhebendes Erlebnis aber für jene, die durch ihre „Schmetterlingsfee" wieder Kraft, Mut und Selbstwertgefühl für ein neues Lebensabenteuer und erfüllende Zukunft schenken wollte!

Dann wachten sie auf, sahen an sich herunter und welche wunderbare Verwandlung war da zu erkennen:

Sie waren zu diesem Schmetterling ihres Seelentraumes geworden!

Sie breiteten ihre Flügel aus und flogen hoch hinauf und hinaus in die Welt oder zu ihrer neuen Nahrung an Myriaden von Blumen, mit süßem Nektar, der reichlich zu finden war, um sich zu laben, vorbei an den, mit sich kämpfenden Raupenbrüdern, die offensichtlich die Botschaft des großen Lebensgeistes in sich noch nicht hören wollten und sich im Kampfe aufrieben, weil sie daran glaubten!

Auch eine kleine Raupe namens „Falter" versuchte lange an Blätter zu kommen, aber sie schaffte es nicht. Umher gestoßen und verletzt gab sie, die Sinnlosigkeit des Kampfes einsehend, auf und beschloss in der Einsamkeit und Stille, nachzudenken was zu tun sei! - und schlief ein!

Im Traum erschien auch der kleinen Raupe nun ihr Lebensgeist, im ihr noch befremdlichen Bild einer Schmetterlingsfee, die ihr vorkam, wie eine Raupe mit Flügeln, die über ihr schwebte! Diese lächelte ihr Mut machend zu und ließ eine ungeahnte Zuversicht in ihr aufsteigen!

Eine kleine Raupe „Falter", wurde von diesem Bild dieses, ihr noch unbekannten Schmetterlings, sehr berührt und sie beschloss, sich mit ihrem ganzen Gefühl auf das Bild ihrer Schmetterlingsfee einzulassen.

„Wer bist du"? - rief „Falter"

Ihr Lebensgeist blickte sie mit einer unendlichen Wärme in den Augen an und sprach zu ihr rätselhaft, aber klar und eindeutig:

"Wer ist hier "DU" - Du bist von mir weit weg gegangen, weil du dich und damit mich, nicht in Dir finden wolltest. Ich aber bin jetzt aus dir herausgekommen, weil du mich innen nicht erkennen wolltest."

„Wie bist du herausgekommen?" - entgegnete „Falter" verwirrt:

Die Schmetterlingsfee sagte lächelnd:

„Ich bin durch dich, als ein vollkommenes Bild des Göttlichen, das er von dir hat, hindurch gekommen - Das heißt, dass ich durch die Tür gekommen bin, damit du mich endlich sehen kannst!

Im Außen wolltest du mich ja nicht sehen – wo ich mich zudem noch über eine neue erfüllende Körperlichkeit dir zeigen wollte! "

„Wenn du aber durch die Tür gekommen bist, wie kannst du dann durch mich selber kommen?", - schrie „Falter" entnervt!

„Indem du die Tür selber wurdest" – sagte die Seelenfee -

„Die Frage aller Fragen gilt der inneren Tür!"

Aber zweifelnd rief die Raupe ihrem Lebensgeist nun zu:

Warum konntest du das als göttlicher Gesandter zulassen, all mein Leid, meine Schmerzen. Warum lässt du es zu, dass sich mein geliebter Körper so immens verunstaltet!

„Ich habe dich nicht verunstaltet"!

- sagte die Schmetterlingsfee – der Lebensgeist!

Du selbst richtest dich mit deinem Blick und Festhalten, an deiner Vergangenheit - deiner überholten Lebensituationen als Raupe zugrunde.

Du selbst starrst wie viele andere Raupenbrüder in das „Schwarze Loch" einer überholten Existenzform, anstatt jene neue zuzulassen, über die ich mich da, als „Schmetterling" zeige!

Was mich dabei so betroffen macht ist, dass ihr hilflosen Raupen-priestern da noch folgt, die selbst die Wandlung zum Schmetter-ling verweigern und wie so oft, wieder nichts anderes zu tun haben, als einen Gesundheitsgebetssturm gegen eure angeblichen Sünden, für eure überholte Existenz, als Raupe zu beten, der gar nichts nützen wird.

Aber als angeblicher Mittler zwischen Gott und euch können sie nicht die Frage beantworten:

Wie konnte Gott das zulassen in seiner Allmacht und wie sollen sie es ändern! - und hier kommen sicherlich gleich wieder die Argu-mente: „Unerforschlicher Ratschluss und Gottes Prüfung, wegen Sünde!"

Ich glaube, dass das Gebet im Verhältnis zu Gott von euch miss-interpretiert wird!

Denn ihr betet immer für eine Relativierung von dem was ihr selbst noch als Raupe doch selbst erzeugt haben, mit euren Ein-stellungen - Denken, Handeln und Fühlen oder gegen den Willen des Weltengeistes, der euch etwas neues Erhebendes schenken und aus euch oft Neues erschaffen möchte!

Aber Gott, der Allumfassende Geist, hat doch schon auf euer be-wusstes oder unbewusstes Erschaffenes geantwortet. Euer Gebet ist immer erhört! – Ihr habt es doch im Einverständnis mit ihm erschaffen und wer kann es also ändern: „Ihr selbst!" Wenn ihr also erst euch ändert, ändert sich auch die Welt!

So ist Gott bzw. ich, als gesandte personifizierte Energieform – ein „Symbol" - doch nicht euer Feind, sondern er möchte euch doch etwas bewusst machen über eure Krankheiten, die ihr neben der Aufforderung zur Fortentwicklung zum Schmetterling noch einem gefräßigen vernichtenden Virus zuschreibt, der euch ja eigentlich nur spiegelt, was ihr am Baume euers Raupenlebens selbst macht: Fressen und Ausbeuten ohne Sinn und wirklicher Lebendigkeit!

Dieser Virus ist doch der Höhepunkt eures selbst erzeugten „Giftschleims", den ihr über euer selbstzerstörerisches Denken, Handeln und Fühlen, quasi als „psychischen Eiter" erzeugt habt. Ihr selbst habt ihn abgesondert und in die Welt gebracht bzw. geboren, wo dieser Eiter sich als euer Virusspiegel manifestiert hat. Ist das nicht wie bei euren Verstorbenen genauso, wenn sie gestorben sind! – wenn sie „Leichengift" absondern. Ja! – damit sind viele von euch schon im Raupenleben tot! – jegliche Entwicklung verweigernd!

Der Virus und eure entwicklungshemmenden Krankheiten, entstehen doch nur durch euren fehlgeleiteten Bewusstseinsblick, der immer nur auf euren Raupenkörper starrt und ihn mit eurem selbstzerstörerischem Verhalten nährt und auf die oberflächliche Schönheit eines Mainstreams und Wachstum um jeden Preis trimmt, um durch äußeres Ansehen, auch durch die Abhängigkeit von materiellem Besitz mehr Beachtung und Selbstwert zu bekommen, da es in eurem Inneren daran mangelt!

Ihr verwechselt da noch verhängnisvoll den Begriff des Selbstwertes mit Selbstbewusstsein - aber Selbstbewusstsein hat nichts mit Selbstwert zu tun!

Dieses angebliche Selbstbewusstsein gründet auf mangelnden Selbstwert! -Es ist eigentlich kein Selbstbewusstsein sondern ein kleines „EGO" -Bewusstsein, das sich am Äußeren zum Zwecke der Anerkennung misst und immer mehr wert sein will als andere, gerade durch Gefräßigkeit und übermäßige Besitz~ Abgrenzung !

So können auch eure Raupenführer und konfessionellen Ritualbeamte viel Selbstbewusstsein haben, aufgrund einer äußeren Machtfülle, aber wie sie mit der Macht umgehen, kann auf ein kleines verletztes Kind in ihnen hindeuten, das mangelndem Selbstwert durch selbstüberheblichen Machtgebrauch, der spaltet oder nur sich kennt oder in den Augen der anderen Anerkennung erzwingen will, ausgleichen will!

Dieses Selbstbewusstsein gründet auf Angst und Hochmut!

Selbstwertgefühl hingegen gründet auf Zuversicht, Vertrauen und Glauben an sich selbst mit hohem Mut und Respekt vor sich selbst und anderen, also auch auf Verbundenheit!

Zweifel können durchaus auf Intelligenz und Weisheit beruhen, denn solche, die sich durch Zweifel in Frage stellen können sind lernfähig und können sich weiterentwickeln im Unterschied zum Selbstzweifel, der sich beweisen muss, dass er aus schmerzlichen Kindheitserfahrungen heraus mit Autoritäten immer sich selber niedermacht und der Meinung ist, eh immer alles falsch zu machen, wenn nur die leiseste Kritik kommt!

So bekämpft ihr ständig diesen Virus als Symptom, obwohl es doch euer „enemy mine" – euer geliebter Feind ist und euch die Ursachen aufzeigen will, die in eurer destruktiven Bewusstseinshaltung liegt!

Schon euer gefeierter Meister in seiner vormaligen Raupenform – der aber wusste, dass sie in die Auferstehung eines wundervollen Schmetterlings münden sollte, mit weiterem unbegrenzten Horizont und wies euch darauf hin, indem er sagte:

„Liebet eure Feinde! - Wenn dich einer auf die rechte Wange schlägt, so halte ihm auch die linke hin"!

Die rechte Wange symbolisiert die Aufnahme deiner schmerzlichen Situationsverdichtung. Du erleidest etwas bzw. wurdest angeblich gequält, wirst dadurch krank.

Auf der körperlichen alltäglichen Ebene kannst du natürlich durch gewisse (medizinische~) Anstrengungen „Stop" sagen.

Dann aber gilt es die „erkenntnisfähige" intuitive linke Wange hinzuhalten und mit Durchblick die Botschaft zu erfassen:

„Danke für die schmerzliche Information. Ich weiß was sie mir sagen wollte und bin bereit, mein Leben im Sinne der Botschaft zu ändern und zu wachsen. Ich weiß jetzt was erforderlich ist. Ich kenne jetzt das dahinter stehende Thema".

Er würde jene also nicht so persönlich empfindlich beleidigend anklagen, die ihm ja als „enemy mine(s)" zu seinem Wachstum durch ihr Verhalten verhelfen!

Was würde also der Virus zu euch sagen, der ja auch nur sich zeigt, weil ihr euch so geschwächt habt, durch das sich selbst zerstörende zwanghafte „Hineinquetschen" in einen alten Raupenkörper, der du und die anderen nicht mehr bist!

Höre diesem Virus doch einmal zu, der da als „geliebter Feind" sprechen könnte. Welche Botschaft will ER euch von außen übermitteln, da ihr sie aus eurem Inneren, wo ich in jedem von euch wohne, nicht hören wollt:

Liebe also auch deine Feinde! - Denn sie sind ein Werkzeug deines Schicksals, das dich zur Entwicklung zwingt!

Was wollte er aber damit sagen:

„Warum passiert das und wozu dient es und zu was fordert es uns auf! - ansonsten nützt kein Gebet, das da eigentlich lautet:

„Oh Herr"! - Befreie uns von einer Misslichkeit, aber lasse unsere Fesseln, die krankmachende Lebensgewohnheiten oder den entwicklungshemmenden Starrsinn, so wie sie sind!"

Aber ich, der „Virusfeind", versuche eigentlich eine Bewusstwerdung zu erzeugen, um Sinnordnung und Verbundenheit in das eigene oder gesellschaftliche Leben zu bringen, vornehmlich auch damit innere „Gesundheits~ - Ordnung wieder herstellend!
Also gilt es nicht darum einem Missstand nach den eigenen begrenzten Vorstellungen weg zu beten, sondern nur um Erkenntnis, diese Ereignisse in ihrer Be-„Deut"-ung aus dem Nichterkennen zu durchblicken, und euer (politisches!) Verhalten mit Verbundenheit darauf zu ändern!

Dann geschehen mit IHM heilende „Wunder", die aber wiederum alle ver- „ur"- sacht haben!

Dazu braucht ihr aber keine konfessionellen Ritualbeamte, sondern „Psychopompi" – Seelenführer, die euch anleiten, dieses erfahrbar machen!

Wenn man sich nun mit mir, als Virus bzw. euren, damit verbundenen Krankheiten beschäftigt, so fällt immer auf, dass hier Gleichgewichte gestört sind - sowohl im Individuellen als auch im gesellschaftlichen Bereich. Da gilt es diese Information – auch meinen „Coronagiftschleim", als Symbolbotschaft zu durchschauen!

Welche eurer gesellschaftliche/individuelle Lebensumstände und einengenden Ansichten machen da krank bzw. vergiften euch da, machen euch dafür anfällig"? - heißt die heilbringende Frage!"

„Hallo! – Ich bin das von euch geschaffene „Coronavirus" oder auch „Covid 19" genannt!

Als Botschafter des Weltengeistes durch euch erschaffen, darf ich anmerken, dass ich nicht mehr zulassen kann, dass ihr euch rückwärts, mit eurem Bewusstsein, gewandt, in eure alten überholten Raupenstrukturen einquetscht, anstatt IHM bei seiner neuen „Sinn"-Entwicklung als Raupe zu einem Schmetterling zu folgen. Denn bei der Erschaffung eurer bisherigen Form war es ja schon „S"ein Sinnwille, euch in die Version eines Schmetterlings zu bringen!
„Er" ist es leid, wie ihr zudem noch mit eurem Lebensraum, der euch genährt und gedient hat, so zerstörerisch umgeht, sowie mit euren beschränkten Ansichten des begrenzten Verstandes, durch den ihr wie ein Strohhalm einseitig blickt, handelt, der dahinter nie die Weite und Größe seines göttlichen Bewusstseinsraumes mit seiner Schöpfung und Natur, sehen wolltet.*

* „Ich Bin", die höchste und feurige Kraft, habe jedweden Funken von Leben entzündet... Ich, das feurige Leben göttlicher Wesenheit, zünde ihn über die Schönheiten der Fluren, ich leuchte in den Gewässern und brenne in Sonne, Mond und Sternen. Mit jedem Lufthauch, wie mit unsichtbarem Leben, das alles erhält, erwecke ich alles zum Leben." (H.v. Bingen)

Es geht hier um eure Gier, Selbstsucht, Hass und Neid, Lügen – die eure Entwicklung zu wahren Freiheit eines Schmetterlings verhindert. So habt ihr überhaupt wenig Zeit für eure gegenseitige Verbundenheit und wirkliche Lebensqualität verwendet!

Eurem „Wesent"-lichen habt ihr nie Beachtung geschenkt, auf eure innere Stimme, die euch damit den Weg zur größeren Entfaltung zeigen wollte.

Trotz großer Fülle und Sattheit habt ihr euch gefräßig und überaus satt an jegliches neue Blatt geheftet, bloß um euren Mitbrüdern voraus und besser zu sein zu sein im Fressen und Horten, was euch vermeintlich mehr Anerkennung und Achtung geben sollte. Auch spielte da die verderbliche unnötige Angst vor Verlust und Mangel eine große Rolle.

Aber die wahre Selbstliebe zu euch und damit zum Göttlichen an sich, das keinen Mangel kennt, habt ihr vergessen. Ihr seid euch fremd geworden, Barbaren gleichsam, in eurer Oberflächlichkeit, und geistiger, stets steigender Wachstumsverweigerung ohne Verbundenheit miteinander, die jeglichen Respekt vor dem anderen vermissen lässt!

Ihr sollt nun verstehen, dass ich euren Lebenskurs mit eurem Bewusstsein verändern soll. Hier gilt es nicht mehr rückwärts schauend, sondern vorwärts blickend, das auch geschehen zu lassen, was der Weltengeist mit euch vor hat.

Das erst schenkt euch neue Lebendigkeit, wirkliche Gesundheit aus dem neuen Bewusstsein und weitere Horizonte, als Schmetterling, die ihr in der jetzigen Raupenform noch gar nicht erahnen und erfahren könnt!

Ihr werdet da auch erkennen, dass da genug für alle da ist und niemand darben muss, an der überaus köstlichen neuen Nahrung an Nektar, der schmackhafter als Blätter sein wird.

Das wird aber nur geschehen können, wenn ihr da, auch schon wieder den Spruch von Matthäus, des Jüngers eures auferstandenen „Schmetterlingshelden" Jesus, zu Gemüte führt:

Was hälfe es dem Menschen, wenn er die ganze Welt gewänne, er käme aber um sein Leben? (Matthäus 16:26)

Prinzipiell betrifft das alle Raupen, besonders auch jene, die nicht nur an einem Chinabaum auf den amerikanischen – europäischen und asiatischen Bäumen wohnen, die sich in eine künstlich entworfene Vorstellungsform eines fehlgeleiteten Vorstellungsrahmens, freiwillig oder gezwungen, immer mehr hineingepresst haben oder sind!

Alles unerwünschte individuelle, der Idealform, einem Mainstream ihrer Gesellschaft nicht entsprechende, wurde beiseite gedrängt. Sie haben sich oder wurden solange beschnitten, bis sie endgültig das perfekte Bild einer eines Mainstream/KonsumIdeals und Erwartungen ihrer gesellschaftlichen Stellung wurden und vornehmlich den Körper ihrer Lebensbäume besitzen und zerfressen wollen, ohne zu registrieren, dass diese auch einer sorgfältigen Pflege bedarf!

Alles ist verbunden und verwoben!

„Was immer du deinem Bruder bzw. Schwester hast getan, hast du mir – also auch seiner ganzen Schöpfung getan"!

Emotionen echter Freude, Lebendigkeit und Fließgleichgewichte in der Überwindung von Gegensätzlichkeiten in und zwischen euch, bauen durch diese Erkenntnis Grenzen ab, machen weich, erzeugen schwingende vertrauensvolle Verbundenheit unter euch - sprich seinen „Meereswellen"!

Eine zerstörerische Killerwelle, wie ich es als Giftschleim bzw. „Corona" genannt werde, kann sich da gar nicht aufbauen bzw. als wahrgenommene Mikrobe nicht schädigen!

Ich bekomme dafür dann keine Energie, keine solche Resonanz zu euch. Ich, als Botschafter des großen Geistes, antworte nur auf eure destruktiven Empfindungseinstellungen als Aufforderung zur auszugleichenden „Zahlungsaufforderung" im Sinne von: „Ihr seid dem Leben etwas schuldig"!

Alles ist in allem enthalten und spiegelt sich!

Ihr Raupen seht vor allem, quasi im Spiegel im Äußeren, nun meine unglaubliche Verwilderung und krankmachende vernichtende Aggression, die dasselbe lediglich darstellt, was ihr an ungeahnter Fress- und Zerstörungswut, Habsucht selbst in euch habt!

Ihr gebt mir damit, als „Coronadämon" nur die Nahrung, die meine Existenz nährt bzw. entstehen ließ, um euch, eure Barbarei gegen den Göttlichen Geist, eindringlich vor Augen zu rücken.

Dieser Krieg gegen eure Brüder und der gesamten Natur eurer Nahrungsbäume, hat es euch nun unerbittlich gezeigt, dass ihr eben noch ein Barbaren seid und zugleich, was für eine Zuchtrute für euch, durch mich, bereit liegt.

Die Einstellung jeder einzelnen Raupe entspricht der Gesamtheit eurer Gemeinschaft. Beide haben sich aber nötig, und doch töten und verdrängen sie sie sich untereinander.

Euer Bewusstsein dieser Zeit hat euch zur Hast verdammt, jegliche Entwicklung verweigernd. Ihr hättet kein Zukünftiges und kein Vergangenes mehr, wenn ihr dem Geiste dieser Zeit weiter dient. Eure Zukunft ist alt und überholt.

Ihr dient dieser Zeit und meint dem Geiste des Allumfassenden entgehen zu können, der aber Neues gebären will!

Die göttliche Tiefe aber säumt nicht länger und wird euch in das Mysterium einer höheren Entwicklung hineinzwingen.

Es hatte durch mich, Corona- dem angeblichen Teufel oder Luzifer-, wenn du es so nennen willst, so schmerzlich werden müssen, um diesen Geburtsvorgang der „Neuwerdung" in dir hervorzurufen, quasi wie eine Raupe, die erst sterben muss, um in einen Schmetterling verwandelt zu werden.

Dazu benötigst du aber mich, den „Luzifer", besonders im extremen Nichterkennen, in Form von Corona, dein „Lux (~Licht) - fere" (tragen), deine LichtträgerIn, deine „ErleuchterIn", um zur „Eins" – sprich, zu deiner Einzigartigkeit und neuen Lebendigkeit wieder zu kommen.

In dem Augenblick, wo du dich, liebe(r)) „Falter", für dein Reifungspotential nun öffnen würdest, durch deine Bereitschaft, wachsen zu wollen, geschieht eben diese Verwandlung, von einem Kind, in ein anzunehmendes Erwachsenwerden, in eine Eigenverantwortung für dein Leben, das nicht nur spielt, sondern auch erschafft.

Da gilt es auch zu erkennen: „Nicht ich erschaffe mich selbst",

sondern: „Ich geschehe und wachse auch in mir selbst!"

Siehe, dass also in jeglicher Entwicklung etwas Altes, sehr festgefügtes, erst zerbrechen bzw. sterben muss.

Ohne Leid und Schmerz gibt es aber oft keine wirkliche Bewusstheit und kein Wachsen aus verdauter Erkenntnis und Erfahrung, die letztendlich zu eigener Weisheit und zu reicherem Erleben und Lebendigkeit führt.

Wäre dann jetzt die richtige Einstellung?

"Hurra! - Ich habe etwas verloren und stehe davor, etwas Neues, nicht Gekanntes zu bekommen, den Mut zum Erwachsenwerden, als Schmetterling, anstatt krampfhaft jammernd jetzt der Raupe nachzutrauern.

Das wäre offen gelegte Minderwertigkeit und mangelndes Selbstwertgefühl ohnegleichen, deine eigenes Wachstum und Schöpferkraft für dein Leben leugnend!

Aber ich sage hier eindringlich: Ich oder das Göttliche bestrafen ja nicht, für (Erb~) Sünden, sondern ich bin eure eigene ungewandelte Kraft, die sich verwandeln soll, in eine neue Existenz, bzw. Betrachtungsweisen für eine übergreifendere Verbundenheit unter euch!

Du kannst dadurch danach, als Schmetterling in größeren Möglichkeiten mit weiterem Horizont und erfüllender Lebensqualität schwelgen, dadurch, dass du dich lieben gelernt hast, dass du dich eben deinen inneren Kräften zugewandt hast, mit einer neuen Wachstumsqualität für dich.

Du wirst dir dadurch ein Stück neues Selbstbewusstsein und Freiheit erarbeitet haben und in neuen Beziehungen lebendiger fühlen, wo du deine entfalteten Flügel jederzeit in einem neuen Wachstum spüren kannst. Du lebst dann nicht nur, sondern du kannst wirklich mehr „Lieben"!

Meine Liebe ist so für dich, als dein Corona -„Luzifer", immer ein Wachstumsprogramm, das dich dir, im reifen Umgang mit deinen Lebenssituationen, näher bringen soll. Je nach Bewusstheit und Bereitschaft, diese in erforderlicher Weise durchblicken zu wollen oder auch nicht. Das kann so schmerzlich oder sehr angenehm ausfallen!

Eigentlich sind so diese 'Wachstumsermunterungen und Aufforderungen, über Krankheiten oder hier speziell mich, als euren gefürchteten Coronavirus, symbolisch als eine Spezialrolle, von Luzifer, dem gefürchteten „SchauspieldramatikerIN" zu sehen.

Ich bin gegenüber landläufiger Meinung einer der liebevollsten „Engel", für dich, sich als Corona darstellend, der die unangenehme Aufgabe hier übernommen hat, dich und euch alle, informativ über Irrungen und Wirrungen hinzuweisen und in die Macht über euer wirkliches Leben hinzuführen.

Ich bin also kein „gefallener sündiger Engel", sondern eine, in deine Welt „herabgestiegene", aus deiner Seele wirkende göttliche Kraft, für dich, alles wandelt, was marode ist. Hier „krame" ich nämlich dann aus meiner Repertoirekiste die eine oder andere „Inszenierung" in Form von Schicksal heraus und durchleuchte damit deine „Schatten" bzw. deine geistigen festgefahrenen Denk- und Einstellungsmuster, auch für alle anderen Raupen, die es „aufzubrechen", bzw. deine „Wahrnehmungs-und Einstellungspforten" zu reinigen gilt, um klarer zu sehen.

Aber dies ist nicht unabdingbar, unvermeidlich erforderlich. Dies wird dann notwendig, wenn die Not so drückt, so eindeutig geworden ist und nichts mehr als nur die Not, die Verschlossenheit deiner inneren Augen da ist.

Dann muss es zur Wende kommen! – d.h. die Not wird sozusagen noch etwas "liebevoll" intensiviert, dass der ganze Prozess abgekürzt und beschleunigt wird.

Die Intensivierung einer Not und Leidempfindung hat so nichts mit Strafe des Schicksals oder mit mir zu tun, das dem Menschen bzw. dir Raupe „Böses" will, sondern, was er sich selber antut.

Da muss ein LehrerIN bzw. ich, aus Liebe zu seiner SchülerIN, auch mal als gnadenlose Mahnerin, „Rufer aus der Wüste" bzw. hier auch als Traumdämon auftreten, um ihnen den eigenen Kraft- und Lebensquell wieder für ihre Lebendigkeit zu öffnen!

So diente meine Maßnahme der Erschöpfung und Krankheit, meiner Liebe zu dir, dich quasi erst mal „stillzulegen", ganz einfach der Abkürzung eines Lernprozesses, um möglichst frühzeitig und kurzzeitig das Herbeiführen einer positiven Veränderung in dir zu deiner geistigen Geburt zu einer reiferen Schmetterlingspersönlichkeit zu beschleunigen. Sie zwingt dich auch weiter an dir zu arbeiten und stets zu wachsen.

Das Alles geschieht nur, damit du jetzt in den Genuss der angenehmen Erfahrung, im Sinne einer persönlichen Weiterentwicklung kommen kannst.

Denn Lernen und Wachsen muss nämlich nicht zwingend mit Schmerz und Leid oder einer persönlichen Katastrophe, sprich „grundsätzliche Wende", durch eine Not in Verbindung stehen.

„Also liebe Raupe „Falter"! - Öffne dich für deine Seele, für die heilsame Erfahrung deiner seelischen Kräfte, die zu einem neuen Bewusstsein in einem Schmetterlingskörper in eine neuen Welt führt!"

Und die Schmetterlingsfee erhob jetzt ihre liebevolle Stimme:

„Das wirkliche Selbst in dir - eine höhere bewussteres Wesen soll durch mein Bild geboren werden bzw. erwachen. Es soll leben, als dein neues Sein am anderen Ufer. Aber dieses neue Sein am anderen Ufer hat mit dem was es zurückgelassen hat, nichts mehr gemein. Es wird ersetzt durch: „Dein Wille geschehe" und ich lasse SEINE Realität durch mich fließen und gestalte sie!

„It`s Time to say Good Bye" - heißt doch das schon bekannte Lied!

Es ist Zeit „Lebewohl" zu sagen generell gilt das für jeden von uns - zu all dem was dich an deine Vergangenheit erinnert oder bindet eine klare Zäsur zu machen - Bis hier her und nicht weiter!

Hier ist das „Stopp" - das Ende, der vermeintliche Abgrund!

Bis jetzt strebtest du die Dinge allein mit deinem begrenzten Willen an und nun bist du am Ende, der ein neuer Anfang sein soll!

Was ist sozusagen deine Brücke? – was kann dich über den Abgrund bzw. in das Schmetterlingsbewusstsein hinbringen, damit du akzeptierst, bereits mit seinem neuen Bewusstsein am anderen Ufer zu sein und auch dort anzukommen?

Es ist Vertrauen und mit Freude auf das Neue, verbundene „Dankbarkeit!

„Er (der Mensch) muss erfahren, was ihn trägt, wenn er sich nicht mehr tragen kann und äußere stabilisierendes Umfeld wegbricht. Einzig diese Erfahrung gibt ihm eine unzerstörbare Grundlage..."Derjenige, der die religiöse Erfahrung hat, besitzt den großen Schatz einer Sache, die ihm zu einer Quelle von Leben, Sinn und Schönheit wurde, und die der Welt und der Menschheit einen neuen Glanz gegeben hat. Er hat Pistis, sprich (Glaube) und Frieden". *(C.G.Jung)*

Stirb! - Sei bereit jetzt zu sterben, in eine neue Zukunft, die dich noch näher zu dir bringt. Als Geburtserleichterung geht es letztendlich immer wieder um diese Erkenntnis: „Gott ist in mir und ich bin göttlich" und ich bin geliebt von ihm

Lass es in dir wirken und als eine magisch-energetische Übung sehen, die deine Geburt erleichtert. Fühle dich weit und behutsam atmend in dieses Neue ein und benütze hier in diesem Zusammenhang vielleicht auch das gefühlte und gedachte Mantra:

„Ich Bin" dieses Neue – „Ich Bin" dieses Neue,
dieses neue Unbekannte, Unvorstellbare"

Fühle über deinen weiten und behutsamen Atem wie es in dir stärker und stärker wird, wie sich dieses Neue über dein Altes erhebt, wie der Phönix aus der Asche, der Schmetterling aus dem Kokon, hinein in sein neues Dasein geboren wird.

Sei bereit, deinem wahren Wesen entsprechend, das Göttliche mit seinem neuen Erfüllenden in dein Leben zu lassen.

Das bedeutet aber gerade, in deinem konkreten Falle, bereit zu sein, dem Göttlichen bzw. deinen Seelenkräften in deinem Leben Raum zu geben. Das bedeutet zu räumen, Platz zu machen, Altes, nach wie vor vorhandenes zu eliminieren, es wegzugeben, es loszulassen.

Es gilt ganz einfach für dich, keinen einzigen Gedanken, mit seinen Empfindungseinstellungen, mehr daran zu verschwenden, was war und wie du dir einmal oder irgendwann einmal, oder vielleicht auch immer, als dein altes Leben vorgestellt hast oder wie du in der Lage gewesen bist, dir einmal dein Leben vorzustellen. Als Raupe in der Verwandlung zum Schmetterling hast du da auch keine andere Möglichkeit mehr!

Es gilt, deine Aufmerksamkeit nun auf das vor dir liegende zu lenken, in mein Bild des zukünftigen Schmetterlings und dort dein Ziel zu sehen.

Atme es und fühle es, dass du bereit geworden bist, deiner Göttlichkeit als neue Form zu begegnen, dass du bereit geworden bist, Gott in deinem neuen Leben zu begegnen!

Aber was bedeutet das „Gott zu begegnen?"

Das bedeutet, dass dein Leben genauso wie es ist und vor allem auch so wie es war, immer ein göttliches Leben war, ist und immer sein wird. Und du je „göttlicher" du wirst, sprich je bereiter du wirst, dein gewachsenes Bewusstsein als Schmetterling anzunehmen bzw. ihr bewusst zu werden, desto mehr vom Göttlichen an sich kann dir nur begegnen.

Was bedeutet es deine Göttlichkeit anzunehmen?

Ganz schlicht, auf der Ebene des Verstandes ausgedrückt, heißt das:

Deine Göttlichkeit bzw. „Gottes Liebe" anzunehmen bedeutet, dass du endlich kapierst, dass Gott und nur Gott auch in deinem Leben existiert und du somit im Grunde immer ein göttliches, ein vollkommenes Wesen bist. Das was dich noch davon trennt, ist vielmehr das noch nicht „Erkennen deiner Ganzheit", die noch dein unbewusstes Erkennen von deiner Bewusstheit trennt!

Ja! - Hier wird von dir gesprochen, um jeden Zweifel auszu-
schließen. Es geht darum, dass du dich hineinführen lässt in deine
Bewusstwerdung, was du bist und damit natürlich, was deine Aufgabe als Schmetterling ist. Denn, glaubst du wirklich oder könntest du meinen, dass du in deiner Göttlichkeit hier auf Erden keine
Aufgabe hättest?

Doch! – Du stellst eine neue nährende Verbundenheit her! – Als
Schmetterling ist es, wenn auch oft unerkannt, deine Aufgabe,
vielen Blumen und Sträuchern die Fortpflanzung zu ermöglichen,
weil du der Träger einer verbindenden Bestäubung bist, wenn du
deine Nahrung als „Nektar" aus ihnen saugst, bzw. diese sie dir
dafür schenken!

Du trägst da zum Erhalt von „Allem, was ist" – der Schöpfung bei!

Jetzt erfasse endlich dafür deine neue Grundeinstellung:

In deinem Leben gibt es jetzt in der neuen Zeitqualität der Transformation dafür quasi nur das eine: „DICH"! - Du und nur mehr du
und das „Du" sein ist das göttliche Sein!

Du kannst es im Prinzip mehr und mehr erkennen, wenn du dich
oft beruhigt nieder setzt, in Bezug auf deinen Körper, besonders
auf deine Leidenschaften im Herzen, die du beginnst zu beruhigen.
Wenn du dich so in der Stille selbst vergisst, still und rein, leer
werdend, dann geschieht das Unfassbare:

„Die Leere wird durchleuchtet vom Schein des „Himmels" - deiner
Intuition, sprich von deinen Seelenkräften. Dein bedürftiges Empfinden verschwindet im Raum. Dein Bewusstsein löst sich in er-
kennendes Schauen auf.   Aufgewühlte Gefühle werden beruhigt
und intuitives Schauen wird ermöglicht. „Verstand–Gefühl-Intui-
tion" arbeiten dann harmonisch mehr und mehr im „Dreiklang".
(Vgl. „Das Geheimnis der Goldenen Blüte" – C.G.Jung und Richard Wilhelm)

Der Gleichklang von Denken, Fühlen und Intuition!

Eine Pflanze kann das gut!

Ein Baum bzw. Pflanze, die wachsen und sich entfalten will, wächst bzw. treibt (Handeln!) einen Spross zur z.b. zunächst ausgesuchten Rechten (Denken!). Wenn dieser völlig gebildet ist bzw. auch schon vielleicht während des Bildens, so will der natürliche Drang des weiteren Wachs-tums nicht über die Endknospe hinaus weiter wachsen, weil ein Ungleichgewicht zur Linken (Fühlen) gespürt wird. Sie fließt bzw. blickt zurück in den Stamm bzw. fließt zurück in den Stamm, in die „Mutter" des Zweiges und bahnt sich im Bewusstsein fortschreitend, sich im Stammhaften fokussierend, auch über Unsicherheit in schwankenden täglichen Erfahrung durch veränderliche Umwelteinflüsse, ihren Weg und findet gerade die richtige Stelle zur Linken, als gefühlten Ausgleich und treibt dort einen neuen Spross hervor.
Diese neue Richtung des Wachstums ist aber der früheren oft ganz entgegengesetzt, aber doch dem ganzen Gleichgewicht dienlich. So wächst die Pflanze in dieser Weise gleichmäßig, ohne Überspannung und Störung des Gleichgewichtes, weil sie das notwendige Fließgleichgewicht erkennt, sonst bräche sie zur Seite weg! (Krankheit - Katastrophe = Not!-wendigkeit zu Umkehr!)

Das Ganze muss bzw. kann aber nur mit der Intuition geschehen, d.h. ins Innere Stammes blickend, muss sie gleichzeitig ihre Idee – ihre höchsten Version (Seele!) wahrnehmen bzw. sich darauf besinnen (z.B. nicht Rose sondern Rebe! werden!) um in ihrem Wachstumsausdruck die Idee ihrer Einzigartigkeit zugrunde zu legen bzw. im Sinn zu haben, um ihr folgen zu können, sonst erkrankt sie oder zerstört sich selbst!

Das ist der Kontakt der Pflanze, mit ihrer Intuition, als ein Zustand aus einer wahrgenommen besinnlichen Mitte in der Stille! Nur so kann sie durch den inneren Halt durch ihr „göttliches Bildwerk" mit stärkstem Vertrauen wahrnehmend in ihr Leben, für wesensgemäßes Wachstum, hineinfließen lassen!

Du wirkst so, ähnlich dem Tun, aus dem Bewusstsein! - Dieses Wirken ist etwas bewirken, aus deiner Einstellung, aus deinem Bewusstsein heraus, indem du immer mehr erkennst, das eine innere Veränderung von Einstellungen, die Neugestaltung als Schmetterling, ohne schmerzhafte Geburtswehen, geschehen lässt! -Dazu bedarf es so keines äußeren Tuns mehr!

Das heißt, um Gott bzw. deine Seelenkräfte zu erkennen, musst du dich über ein neues, Bewusstsein in diese Einstellung begeben:

„Ich Bin" das neue Licht meiner Seele!
„Ich Bin" das Licht meiner erkannten Weisheit,
„Ich Bin" das Licht meiner bewussteren Göttlichkeit.

in der Form eines Schmetterlings!

Aber eines bist du nicht mehr: Eine Raupe in ihrer alten Wesensprägung, in ihrem nun überholten Verständnis!

Gestatte dir doch einen ganz kleinen Blick hinter die Kulissen, wie es mit den anderen, sich selbst vergewaltigenden Raupen weiter aussieht. Spürst du dabei die Sackgasse, die Blockade, auf den ihre Welt, aus ihrem „Raupe bleiben wollen, mit ihren maroden Großbaustellen, zurzeit mehr und mehr entgegensteuern?

Natürlich, es ist auch ihre bewusste oder unbewusste Wahl bis zum mehr oder minder freiwilligen Sterben, an ihren inneren Quetschverletzungen und Blutungen! – die aber nicht im Sinne einer göttlichen Absicht, als Strafe oder Verdammnis zu sehen sind!

Wenn du dagegen dein inneres Schmetterlingsauge jetzt erhebst, wirst du es genau dort sehen, das eigentlich für dich vorgesehene Leben, mit den Möglichkeiten und Anlagen, die für dich vorgesehen sind und diese, durch deine große Kapazität des Vertrauens und Glauben an dich selbst, zufließen!

Darum lenke deine Aufmerksamkeit und all deine Bereitschaft auf seine Gegenwart, in deiner Transformation. Das geschieht eben ganz einfach über den weiten und behutsamen Vorgang deines Atmens in der Stille. So nimmst du immer Kontakt zu seiner Gegenwart auf. Denn, je mehr du bewusst atmest, desto mehr zieht es dich zur Verbindung mit deiner Schmetterlingsseele" bzw. mit der „Weltseele", in die du eingebettet bist.

Öffne dich dieser Gegenwart und gib dich einfach hin!

„Hingabe" heißt dabei vielmehr erst mal, sich über das ernsthafte Erforschen seines Inneren, mehr und mehr so bewusst zu werden, wie Gott dich gedacht hat und dazu musst du einiges loswerden, was da, als Raupenkokon, das Werden des Schmetterlings behindert! Es bedeutet sich das begriflich zu machen, was da über dich noch unbewusst an Einzigartigkeit in dir schlummert, um die höchste Version zu werden, die du bist als dein Selbst!

„Sehnsüchtig grüßt der „Ich bin", den, der ich sein könnte"!
(Dostojewski)

Mehr und mehr lernst du dann zu vertrauen. Über dein tiefes Atmen kannst du dich durch dein Vertrauen prägen lassen. Dein Atem ist immer diese tragende Energie, ist das Vertrauen. Immer wenn du atmest, so vertraust du.

Dann schlägst du eine Brücke zu dem dir unvorstellbaren Allumfassenden in dir, dem du vertraust. Mit jedem Atemzug der deinen Geist, die Seele, dein Gemüt und deinen Körper verbindet, erkennst du, dass du mehr und mehr in die Lage versetzt wirst, das nicht Erkennbare zu erkennen, zu spüren, zu sehen, zu fühlen.

Atme dieses Vertrauen und gehe hinein in diese energetische Empfindung, wie sich für dich, über den erlebbaren Vorgang deines Atmens „Vertrauen" anfühlt:

„Ich Bin" erfüllt von Vertrauen"!

Darin besteht die Grundvoraussetzung, deines Heilseins und damit für ein harmonisches Leben, das Alte loslassen zu können.

Öffne dich dem Klaren deines neuen Lebens, dem großen Licht aus deiner Mitte, deinem „Ich Bin" als Zeichen deines „Einverstanden seins" mit deiner Dreieinheit „Körper-Seele-Geist", dem „Heiligen Gral" als bewusster Schmetterling in dir, in der sich deine Intuition, dein Gefühl und dein Verstand zu einem harmonischen Dreiklang verbunden haben. Es ist dann dein Sein im Licht der Bewusstheit, der Einheit allen Seins, das dein Leben sinnerfüllt in Fluss bringen wird!
Nur dein „Ja" zu deiner Vergangenheit, dein „Ja" zu all dem was war in deinem Leben, nur dieses „Ja" öffnet dir das Tor zu einer Zukunft, zu der auch deine Seele gerne „Ja" sagt.

„Trenne dich, löse dich, befreie dich?"

Siehe Gott und nur Gott im Lichte deines Lebens als Codewort:

„Großer Geist, der du bist, großes Licht.
Siehe und erblicke mein kleines Sein,
Lass mich groß sein, groß werden, so wie du es bist,
auf das auch ich in der Lage bin dich zu erkennen,
Großer Geist, großes Licht!
Erhöre mich, Erfühle mich, Erfasse mich.
Großer Geist, großes Licht!
Aus dir bin ich gekommen, aus deinem Sein entstanden"
So spricht der große Geist, das große Licht:
„Aus meinem Sein, bist du mein Sein.
Geheimnis deines bewussten Atems, Brücke zu mir.

Jetzt stell dir einmal vor, dass ein großes Licht von deinem Herzen kommt. Dieses Licht wird immer stärker und stärker, bis dein ganzer Körper davon durchflossen ist. Lass dich von diesem Licht umarmen, streicheln, unterstützen. Erlaube dir selbst, dich zu lieben. Denke oft daran, was für ein wunderschöner Schmetterling du jetzt bist.

Fühle es, atme dieses Bild es ein:

„Ich bin einzigartig und vom Leben erwünscht!
Ich bin liebenswürdig! - Ich bin ein Gedanke seiner Liebe!"

Stell dir vor, wie das Leben aussehen kann und sieh dich selbst in deinem Leben, wie offen, wie stark und schön du bist!

Du hast da keine Präferenz, keine Eminenz als Raupe mehr. Du bist emotional wertend nicht mehr da und die Stürme von Krankheiten werden über dich hinweg ziehen!

Es ist nicht mehr für dich! - Es gehört den anderen, die solches gewählt haben, um noch eine Zeit mit diesem Programm, in der alten Situation, als Zombies zu vegetieren oder zu sterben.

Deines ist der Himmel, das Paradies, der Garten Eden. Deine Kraft, deine Stärke, lässt all das vor deinem geistigen Auge erstehen. Und was dein geistiges Auge sieht, was es erblickt ist dein Leben.

Es ist ein Anfang, der ein neuer Anfang ist!- Es wird sein eine Welt der Klarheit. Es ist eine Welt, in der du weit, weit als Schmetterling siehst. Sei willkommen, der du eingetreten bist, in den Kreis derer, die zu ihrem „Schmetterlingslicht" gefunden haben!
Vgl. „... Viele stehen um den Brunnen herum, aber keiner ist im Brunnen...... viele stehen vor der Türe, aber es sind die Einsamen, die das Brautgemach betreten werden. (Thomasevangelium)"

Was ist mit der anderen Welt? - Wo ist dein Focus?

Eben, es geht dich nichts emotional mehr an, es ist nicht mehr deines oder umgangssprachlich formuliert, sei nicht neidisch.
Das ist ein anderes Programm. Sieh auch nicht hinter den Vorhang. Du könntest erschrecken.

Aber sei dir gewiss, es ist auch „gottvoll". Es ist seine Liebe, seine Gegenwart. Nur, es könnte dich erschrecken und es geschieht hier nichts, gegen den Willen des Einzelnen.

Du hast dein Leben, dein Licht, deine Liebe. Die anderen haben ihr Licht oder ihre Dunkelheit, ihr Leben, ihre Liebe oder ihren Schrecken, so wie sie es eben für sich erwählt haben.

Bessere Welt nach Covid19? – Es ist die Entscheidung jedes Einzelnen!

Breite du deine Flügel aus, als Bote seines Lichtes, seiner Liebe, in deinem Leben. Segne es mit der Kraft dieses Bewusstseins, segne durch dein So-Sein!"

So spricht auch im Mensch der große Lebensgeist im Bild der „Schmetterlingsfee":

„Fühle jetzt auch als Mensch meine verwandelnde Energie:

Aus der Weite deines inneren Raumes lässt du jetzt violett-purpurfarbenes Licht in deinen Bauchraum einfließen. Dieses Licht wirkt gleich Magie auf dich ein und verwandelt dich.

Du siehst jetzt, wie eine kleine hässliche verschrumpelte Raupe beginnt, durch den Einfluss des magischen Lichtes, sich zu verpuppen. Dabei strömt das magische Licht in den Prozess der Verwandlung ein.

Jetzt zeigte sich das Bild eines flatternden bunten Schmetterlings!

Das magische violette Zauberlicht durchdringt sie, das gleichzusetzen ist, mit deinem, sich verwandelndem Bewusstsein.

Es löst den Kokon und aus diesem beginnen sich noch leicht verknittert, Schmetterlingsflügel zu entfalten.

Wunderschöne Schmetterlingsflügel erscheinen nun vor deinem geistigen Auge. Noch etwas unsicher, steigt der Schmetterling aus dem Kokon. Er fühlt sich in die Kraft seiner wunderschönen Flügel ein und beginnt sie ganz sanft zu bewegen.

Dieses Bild dieses Schmetterlings berührte die kleine Raupe sehr und sie beschloss sich mit ihrem ganzen Gefühl auf das Bild diese neue flatternde Schmetterlingsenergie ein zu fühlen und mit ihr zu verschmelzen. Es war ein wunderbares erhebendes Erlebnis für die Raupe, das ihr wieder Kraft, Mut und Selbstwertgefühl schenkte. Dann wachte sie auf, sah an sich herunter und welche wunderbare Verwandlung war geschehen!

Stärker und stärker bewegen sich die Flügel und wagen nun den Sprung aus dem „Gebunden sein" an die grobe Erde, an das bisherige Raupendasein, hinein in das Sonnenlicht.

Nun spüre das Gefühl des Schmetterlings in Dir:

„Halleluliah"- Es geht, ich fliege wirklich!"

Sie war zu diesem Schmetterling ihres Traumes geworden. Sie breitete ihre Flügel aus und flog hoch hinauf zu den großen Blättern, um sich zu laben, vorbei an den kämpfenden Brüdern, die offensichtlich die Botschaft des großen Lebensgeistes noch nicht hören wollten und sich im Kampfe, Krankheit und im manifest gewordenen Giftschleim von Corona aufrieben.

Alles war so unendlich leicht geworden – und als Schmetterling sah sie die weiten Horizonte mit vielen Bäumen, Blumen die sie einluden, sich an ihrem Nektar zu laben. Es war genug da auch für alle anderen, ohne Gier, Hass, Neid, Hass, Habsucht oder andere Bedürftigkeiten.

"Auf und Ab" – "Hin und Her" - Freiheit pur! - ohne Mangel!

Immer leichter und glücklicher bewegt der Schmetterling seine Flügel und immer ruhiger, immer entspannter, ganz harmonisch gleitet er hinauf, in das Licht, zieht seine Kreise, sanft wieder hinuntergleitend, zu den Blüten, wo er beginnt Nektar zu saugen, so wie du beginnst deine neue Lebenssituationen als nährend zu empfinden.

Nichts mehr kann ihn vom Licht, von der Luft seiner Freiheit trennen, wenn er sich nun sanft gleitend, auf die nächste Blüte schwingt und weiter und intensiver beginnt, sein Leben zu zelebrieren, so wie du als Mensch, dann dein neues Leben immer leichter und angenehmer, mehr und mehr beschwingt, zu empfinden beginnst. Dabei registrierst du auch die unendlichen Möglichkeiten, dir jede Blume auszusuchen, um dort zu landen und aus der Fülle ernährt zu werden und weiter zu fliegen.

"Ich bin in dir die Kraft und das Licht der Neuwerdung"! als wundervoller und einzigartiger Schmetterling!

sprach der Weltengeist zu „Falter":

Entwickle dich durch Selbsterkenntnis vielmehr zu dem was du wirklich in deinem Selbst bist und arbeite an der Entsprechung des Inneren mit dem Äußeren und werde "Stolz auf dich"!

Der Sinn des Lebens besteht darin dich lebendig und sinnerfüllt zu erfahren und dich zur Entfaltung zu bringen -Du wirklich „Du SELBST" werdend!!

Das Gleichnis:

Ein wandernder Zimmermann sah auf seiner Wanderung einen riesigen alten Eichbaum, der beim Erdaltar im Felde stand. Der Zimmermann sagte zu dem ihn bewundernden Gesellen:

Das ist ein unnützer Baum; wolltest du ein Schiff daraus machen, es würde bald verfaulen wolltest du Geräte daraus machen, sie würden bald zerbrechen... Aus dem Baum lässt sich nichts machen, man kann ihn zu nichts gebrauchen, darum hat er es auf ein so hohes Alter bringen können.

Als aber der Zimmermann an diesem selben Abend einkehrte und übernachtete, erschien ihm der Eichbaum im Traum und sprach: Willst du mich vergleichen mit euren Kulturbäumen, wie Weißdorn, Birnen, Orangen, Apfelsinen und was sonst noch Obst und Beeren bringt und mich zu denen machen?

Sie bringen kaum ihre Früchte zur Reife, so misshandelt und schändet man sie. Die Äste werden abgebrochen, die Zweige werden geschlitzt. So bringen sie durch ihre eigenen Gaben ihr eigenes Leben in Gefahr und vollenden nicht ihrer Jahre Zahl... So geht es überall zu. Darum habe ich mir schon lange Mühe gegeben, ganz nutzlos zu werden, und nicht in Gefahr zu kommen, abgehauen zu werden - Sterblicher!...

Nimm an, ich wäre zu irgendetwas nütze; hätte ich dann wohl diese Größe erreicht? - und außerdem du und ich, wir sind gleichermaß wertvolle Geschöpfe. (*Chuang-TSE – Chinesischer Mystiker!*)

Heilung aus dem Bewusstsein

Imagination und Symbole aus dem seelischen Inneren können dem Menschen helfen, mit dem Wirken aus ihrem „Sein" eine neue harmonischer empfundene gesundheitsfördernde und heilende Realität zu kreieren.

So wie jeder Mensch bis zu einem gewissen Grade von seiner körperlich - materiellen Umwelt geprägt wird, so kann er auch durch aktive selbst erzeugte „Tagträume" oder mit erzeugten fühlbaren Heilbildern aus dem psychischen Inneren eine andere Lebensrealität selbst hervorbringen, erschaffen bzw. bewirken.

Das ist die Magie, nach der Menschen seit jeher suchen, nämlich, die Gestaltung des Lebens aus dem Bewusstsein heraus. Die Gesetzmäßigkeiten sind hierzu in den „Hermetischen Gesetzen" zu finden. So alt, aber nicht neu:

„Wenn du dich änderst, dann ändert sich die Welt"
„Wie innen, so außen, wie oben so unten".

Wenn Menschen in der Lage sind, emotional hoch ansprechende intensive Tagträume zu kreieren, bzw. diese über „seelenkontaktfördernde" Symbole aus sich heraustreten zu lassen, erschaffen sie damit die ersehnte und damit heilende Bild- und Gefühlsqualität, dann tritt eine heilende „Er"-lösung, gemäß dem „hermetischen" Resonanzgesetz „Wie innen, so außen" mehr und mehr in das Leben des Menschen hinein.

So gesehen, bewirken Menschen durch aktive mentale „Psychohygiene" in meditativen „Tempelschlafsituationen" ein erfüllendes und gesund machendes Handeln in ihren Lebenssituationen, die dann mehr und mehr in Fluss kommen. So ist jeder mehr oder minder unbewusst der Erschaffer und Schöpfer seines Lebens.

Allein beim hingebungsvollen Einlassen auf solche auftauchenden Seelenbildern, mit geführten Musik~ Meditationen, werden Empfindungen aktiviert, die belastende Muster, Themen, die sich letztendlich auch in körperlichen Krankheiten darstellen, auflösen und das äußere Leben eines Menschen, harmonisierend beeinflussen durch entsprechende erfreulichere Umweltresonanzen.

Eine hohe Erfüllungserwartung bzw. emotionale Intensität, angereichert mit ansprechenden Symbolen, die eminente Bedeutung für Kranke haben, „projiziert" einen „Tagtrauminhalt" gleichzeitig als treibende „Gesundheitskraft" in den Körper, stärkt ihn und verleiht ihm überdies empfundenen Wachstums- und Expansionsraum im Außen.

So kann auch wieder ein Zugang zu dem gewonnen werden, was Göttlichkeit als Religio (Rückbindung im Sinne des „Erkenne dich selbst!") und sinnhaftes Leben bedeutet, und dass diese seelischen Themen sehr praktisch und in nachvollziehbarer Weise das persönliche Leben begleiten und verändern kann.

Das Ziel bleibt in jedem Fall dasselbe:

Den Kontakt mit der Seele mit ihren heilsamen Urbildsymbolen (Archetypen!) herzustellen und die weise Führung kennenzulernen, die in jedem von uns lebt, die aber so wenige in die Realität umsetzen können.

Viele Ureinwohner auf der ganzen Welt, haben sich schon jeher immer nur auf ihre inneren unbewussten Eingebungen und Träume bezogen. Sie lehren schon immer, dass die Seele des Menschen nichts anderes sei, als ein innerer Gefährte, den sie als „mein Freund" oder als „Krafttier oder „Großer Geist" bezeichnen. Er wohnt im Inneren des Einzelnen und ist unsterblich. Diejenigen welche vertrauensvoll auf ihre Träume eingehen und ihren verborgenen Sinn zu deuten verstehen und dessen Wahrheit ausprobieren, können in eine tiefere Verbindung mit dem „Großen Geist" und seinen führenden Bildkräften treten.

Sie haben auch schon immer erkannt, dass Hass, Neid, Habsucht und Betrug den Großen Geist „verschleiern" im Innern, während Großzügigkeit, Nächstenliebe und vertrauensvolle Verbundenheit mit der Schöpfung ihn gesundheitserhaltend „anziehen".

In diesem Sinne sind z.b. das „Katathyme Bilderleben und „Wertimaginationen" aus dem Inneren, ein Königsweg direkter bewusster Begegnung mit dem sonst unbewussten Großen Geist in uns. Sie sind ein Weg zur Ganzheit.
Man lernt über Symboliken, aus dem Geist Kraftbilder aufsteigen zu lassen, bis es sich beginnt, weiter zu entwickeln. Dann tritt der Imaginierende selbst in die Handlung ein und kann seine Heilungsarbeit selbst initiieren.

Im offenen Dialog zwischen dem „Ich" mit und seinen inneren Figuren und Symbolen, in denen sich das Unbewusste über seine Bildwerke *(Seele! – germ. „Saiwalos"- buntschillernd)* manifestiert, werden dann deren Inhalte ins Tagesbewusstsein gesundheitsfördernd und erhaltend integriert.

Wie angedeutet, kann diese therapeutische Arbeit auch neben Mandalaarbeit und Ausdrucksmalen, mit dem exoterischen Mittel der Spiegelung („Wie innen, so außen") von divinatorischen Systemen, wie z.B. dem „Tarot", mit seinen tiefgründigen Seelenbildern, geleistet werden, die uns in die innere Resonanz, mit energiegeladenen Seelenbildfiguren aus dem Inneren, bringen.
Auf diese Weise können Schwierigkeiten in der eigenen Psyche, mit Krankheiten jeglicher Art und damit in der Lebensführung, überwunden werden. Heilung und Erweiterung der Persönlichkeit werden dadurch möglich.

Vgl. dazu praxisbezogene Bücher des Autors – BoD Verlag

- Heilssymbole aus dem Bewusstsein
- Moderne Geistheilung mit Bild und Zahl
- Kabbalistische Quantentherapie
- Dornbusch in Flammen –Die heilende Macht von Seelenbildern!

Die Macht der „Inneren Bilder"

Psychische Bildkräfte sind antreibende, die Wirklichkeit und den Charakter des Einzelnen gesundheitserhaltende und verwandelnde Kräfte. Wir alle können mit deren Bildern, Symbolen und Inspiration in Kontakt kommen und Zwiesprache halten.

Seit der Erkenntnis über das Unbewusste, auch Akasha Chronik, Matrix, Kollektives, Allumfassendes Bewusstseinsfeld oder – „Großer Geist"- genannt, in der ja alle unsere Erinnerungen und Erlebnisse gespeichert sind, ist es klar, dass es keine Geistige Welt außerhalb von uns gibt. Sie ist immer in uns. Sie ist ein Ausdruck der buntschillernden Welt unserer Seele.
Bilder und Symbole aus dem Inneren enthalten viel „emotional anregenden heilsamen „Zauber". Es wäre töricht, sie einfach abzutun, nur weil sie, rational betrachtet, bedeutungslos erscheinen.

Sie sind aber wichtige Bestandteile unserer geistigen Struktur und lebenswichtige Kräfte im Aufbau der menschlichen Gesellschaft; sie können nicht ohne ernsten Schaden ausgerottet oder polarisiert werden, ohne die Psyche und Gesundheit zu schädigen.

Besonders in den letzten Jahrzehnten betrieben die Menschen nun eine Zerstörung des „Mythos". Die inneren seelischen Antriebskräfte. im Bilde der äußeren Götter, wurden *gestürzt.*
Mit dem Höhepunkt der Aufklärung, bis in die heutige Zeit hinein, wurden die Standbilder der Götter und damit die einzig greifbaren Bilder der Seele zertrümmert. Das Zeitalter des Unglaubens und der Konfessionen und damit der Verlust der Religio = Anbindung an sein Inneres, an seinen Mythos, begann.

Der Mensch hatte kein Bild mehr über das Innere seiner Welt und verlor sich in äußere „Goldene Kulturkälber" inmitten der bekannten Fleischtöpfen des alten Ägyptens. (*2.Mose 16*)

Mit dem Mystiker und Psychologen C.G. Jung ist die Synthese zwischen Religion und Wissenschaft in Theorie und Praxis erstmals gelungen! –die Physik folgte mit Max Plank nach!

Der Psychologe und der Physiker sind durch ihn auf dem Berg dort angelangt, wo der Mystiker, der schon immer ein Kreuz für die Konfessionen war, schon immer saß!

Jung zeigte erstmals die Wege zur lebendigen Gotteserfahrung und *damit zum* „Verbunden sein", die wieder schöpft aus der inneren unbegrenzten Quelle eines allumfassenden verbindenden Bewusstseinsfeldes, das alles beinhaltet und nichts von ihm getrennt sein kann!
Er machte Liebe und Verbundenheit mit dieser Quelle erfahrbar bewusst und löste die Religio von äußerlich abhängig machenden Konfessionskrücken mit Glaubensregeln und der Spaltung der Welt in „Gut und Böse!" - denn sie schauen symbolisch auf einen Ozean, diesen Gott nennend - Inspirationen und Ahnung lediglich seiend, aber nicht hinein, was wirkliche Gotteserfahrung bedeutet!

Er machte über die Psychologie deutlich, dass alle Konfessionen das Menschheitsganze in ein gemeinsames Mitgefühl einzubetten haben als Grundvoraussetzung um zur Religio zurückzukehren!
Diese Aussage wird bestätigt dadurch, dass ihm viele Klienten begegneten mit religiösen Bildern und Symbolen aus ihrem tiefen Inneren, die ihrer eigenen Aussage nach nichts oder kaum etwas mit Kirche, Theologie bzw. dogmatischer Konfession zu tun hatten.

Seltsamerweise - hatten beide Gruppen, die „Glaubenden" wie die „Atheisten", oder Ethiker die gleichen tiefen und überwältigenden Gefühle, die einen Menschen Halt und Geborgenheit und Kraft und Sinn für Verbundenheit geben, was einhergeht mit einem starken Immunsystem, über die seelischen Kräfte, das gerade auch dem Coronavirus etc. trotzen kann!

Wenn in einer in einer Gesellschaftsordnung, wie heute, die geistigen Werte mit ihren lebenspendenden Bildern und Symbolen dem Ansturm der modernen Zivilisation ausgesetzt werden, verlieren die Menschen den Glauben an den Sinn ihres Lebens.
Ihre soziale Ordnung und das ökologische Netz zerfallen und sie selber gehen moralisch und psychisch zugrunde, werden eben anfälliger für „Volkskrankheiten".

Unsere geistigen Führer waren und sind unglücklicher Weise mehr daran interessiert, ihre konfessionellen Institutionen mit eine angeblichen Religionsfreiheit, die aber lediglich konfessionelle Dogmen des Verstandes sind und die damit verbundene Macht zu schützen, als daran, das Geheimnis zu verstehen, welches die Symbole und damit verbundene Rituale als lebendige Gotteserfahrungen darstellen und die zur gesundheiterhaltenden Verbundenheit eine Gesellschaft wesentlich beitragen helfen.

Wahre Religio! hingegen ist die lebendige persönliche innere Erfahrung von Geliebt- und Verbundensein. Sie muss nicht in Geboten veräußerlichen, sondern sie schöpft aus der inneren unbegrenzten Quelle des allumfassenden Bewusstseinsfeldes, mit seinen kraftvollen seelischen Bildern!

Sie macht Liebe und Verbundenheit und eben auch Heilungsmöglichkeiten erfahrbar bewusst und bedarf eigentlich keiner äußerlich abhängig machender konfessioneller Ideologiekrücken oder einem wirtschaftlichem Pharmasystem!

Die Menschen haben aber alle diese Bilder ihrer Geheimnisse und ihres erregenden heilsamen Zaubers beraubt - nichts ist ihnen mehr heilig und sie richten sich damit gegen uns und das Lebensnetz.

So sprechen wir von „Materie". Wir beschreiben ihre Eigenschaften. Wir führen Laborexperimente durch, um einige ihrer Aspekte zu zeigen.

Aber das Wort „Materie" bleibt ein trockener; unmenschlicher und rein intellektueller Begriff, der für uns keine psychische Bedeutung hat. Wie anders war dagegen das frühere Bild der Materie - der Großen Mutter Erde -, welches die tiefe emotionale Bedeutung der Mutter Erde als Symbol für Sicherheit, Geborgenheit, Struktur, Fruchtbarkeit und gesundes Wachstum ausdrückte.

Hier missbrauchen wir auch das Wort „Medikament", das eigentlich „Heilung aus dem Mentalen-dem „Geist"- bedeutet!
(lat. „Medicare" –heilen – „Ment" – mental –Geistig!)

Auf dieselbe Weise wird das, was der Geist war, heute mit dem Intellekt identifiziert und hört damit auf, der Vater/Mutter des Kosmos, einer „Gespürten" verbindenden Ordnung zu sein. Er ist zu einer beschränkten „Be – ‚DEUTUNGS' – LOSEN" Gedankenform degeneriert.

Die berührende emotionale Energie, die in dem Bild „Unser Vater" bzw. „Göttliche Mutter" ausgedrückt war, versickerte im Sande einer intellektuellen Wüste, die Verbundenheit mit der Erde verlierend.

Leider erfühlen wir heute in keinem Fluss mehr ein Geist, kein Baum ist das Lebensprinzip eines Mannes, keine Quelle lebensspendende Weiblichkeit, keine Schlange als die Verkörperung der inneren Lebendigkeit und Weisheit, keine Gebirgshöhle die Wohnung eines großen Geistes. Es sprechen keine „Elfenbilder" mehr aus Steinen, Pflanzen und Tieren zu den Menschen, und er selbst redet nicht mehr zu ihnen in dem Glauben, sie verständen ihn.

Der lebensspendende Kontakt mit der Natur ist verloren gegangen in der intellektuellen Kastration der Aufklärung und damit auch die starke emotionale Energie, die diese symbolische Verbindung bewirkt hatte.

Der Mensch hat sich von diesen inneren kraftspendenden Symbolen getrennt.

Würde er z.B. den Baum, Pflanze, Stein wirklich sich einlassend betrachten, ihn umarmen oder berühren – auf die die Bilder – sprich deren Geist, der sich als Kobold, Elfe, die er aus dem eigenen Inneren hervorruft, dann sich darauf erfühlend, wäre das wieder eine lebendige heilsame verbindende Erfahrung und Verbindung mit der Natur!

Die Kraft und die heilsame „Magie" solcher einst mächtigen Bilder Worte sind vergangen. Wir haben aufgehört, an magische Bilder zu glauben und haben uns in philosophischen und theologischen Gedankenformen verloren, die den Bezug zum Inneren verloren haben und somit kein heilsames „MANA"* mehr aufweisen.

*„MANA" - „psychische Energieladung" - wird im jüdischen und polynesischen Raum „MANA" genannt. Das, was den verhungernden und verdurstenden wandernden Israelis in der arabischen Wüste als göttliche Stärkung vom Himmel viel, heißt in der Bibel ebenfalls „Mana". *(Ex 16, 116–9; vgl. Ps. 78...)* Die Hand Gottes heißt so artverwandt auf lateinisch 'Manum Dei'.
Die göttliche Kraft der Ureinwohner Nordamerikas hieß 'Mani Du' oder 'Manitu'.

„Wortformen" machen so das Unendliche endlich, führen es aber in intellektuelle Betrachtungsweisen. Innere erregende Bilder und Symbole entführen den Geist über die Grenzen der endlichen, werdenden, in das Reich einer unbegrenzt „seienden Welt", die sich im Außen spiegeln und erfahren möchte".

Auch die personifizierten Energieformen der Engel, Sylphen, Nixen, Götter usw. unserer Sagen sind psychische Energiequalitäten, Energiemuster mit einer bestimmten Wirkform.

Ein Schamane bzw. moderner Imaginationstherapeut, zum Beispiel, setzt sich auch mit den personifizierten Energieformen des Kranken in Verbindung (*seinen symbolischen Krafttieren, inneren "Dämonen" usw.*) und arbeitet mit ihren heilsamen Energiebildmustern, sowie mit Träumen!

Wir kennen dies heute eben auch in den therapeutischen Formen der vorgenannten Wertimaginationen und Phantasiereisen.

Die bekannten Götterwelten aller Kulturen sind im Prinzip nichts anderes als die Bilder dieser psychischen Energieformen aus dem Inneren. "Gebt also den Menschen ihre inneren Götter, sprich ihre eigenen inneren Bilder und Symbole zurück, damit sie diese nicht in DSDS oder einer neptunischen Stargebräugesellschaft suchen müssen!"

So sind diese psychischen Urbildkräfte antreibende, die Wirklichkeit und den Charakter des Einzelnen verwandelnden Heilkräfte und es kommt nur darauf an, wie der einzelne damit umgeht. Auf jeden Fall sind die der Schlüssel zur ganzheitlichen Heilung!

Wir sollten auch wieder mehr Märchen, Mythen und Sagen lesen und uns davon berühren lassen!

Symbole und Innere Bilder

Symbole und Innere Bilder sind seelische Antriebskräfte zur Gestaltung des Lebens, die sich mit antreibender gefühlsmäßiger sinnhafter Kraft darstellen und erfahren möchten.

Sie haben Mittlerfunktion zwischen der Inneren und Äußeren Welt!

Innere Bilder zeigen uns auch die Ursachen, die uns an unserer Entfaltung bzw. Gesundheit hindern. Sie treiben uns an, gestalten und versöhnen - lösen blockierende krankmachende Muster und erzeugen erfüllende Resonanzen aus der Umwelt!

Sie begeistern für den Geist, der das Leben gestalten und erfahren will!

Ein Körper, der zu wenig bewegt und gefordert wird, erschlafft er und wird krank.
Ein Geist, der zu wenig bewegt wird und sinnlos dahintreibt, wird lustlos, initiativlos, frustriert und macht Körper und Psyche krank. Er will sich immer auf Werte und Ziele bzw. Einstellungen ausrichten, für die er im Lebensnetz im Sinne der seelischen Anlagen und Möglichkeiten lebendig sein will.

Er gibt „Hohen „Mut" - d.h. nicht nur in der Reaktion auf innerer und äußere Bedrängnis zu sein, sondern auch vorausschauend agieren zu können. Er fördert die Fähigkeit, sich durch Angst hindurch zu glauben, sich so zu entfalten, das man sich gegen einengende Lebensumstände und krankmachendes Leben wappnen kann. Mit dem eigenem erkannten Sinn und seinen gefühlsmäßig aufbauenden Bildern vor Augen, für die man leben und sich begeistern kann, erfährt man sich kraftvoll, schöpferisch und gesund.

Je mehr du dich selbst findest, desto mehr glaubst du wirklich an dich.
Innere Bilder aus der Seele helfen Dir!

Phantasie und Heilungsarbeit

Gerade in der Heilungsarbeit oder in der Stärkung eines Immunsystems, gerade eben gegen Virenthematiken, greifen wieder die Hermetischen Gesetze und die geschilderten quantenphysikalischen Zusammenhänge, die besonders im Gleichnis vom „Ich bin der Weinstock, ihr seid die Reben." (Joh.15, 5) verdeutlicht sind:

„Wir sind alle energetisch miteinander verbunden",
„Das Innere, spiegelt das Äußere"

selbst die Quantenphysik bejaht das „Thomasparadoxon" in jeglicher Hinsicht:

„Nicht: „Ich glaube, was ich sehe" ist richtig, sondern du erlebst, was du tief in dir innerlich glaubst". Deine bewussten oder unbewussten Überzeugungen und Empfindungseinstellungen sind dabei der „Zaubertrank", der deine Wirklichkeit erzeugt!
Geistig gesehen ist das, was du innerlich für wahr hältst, entweder wahr oder wird wahr, wobei du selbst die Grenzen deiner Erfahrung festlegst. Wenn du also deine Überzeugungen änderst, wird sich deine Wirklichkeit ändern

Jesus kannte auch diesen Sachverhalt, wenn man das apokryphe Thomasevangelium (83) zu Rate zieht:

Jesus sprach:
„Die Bilder sind dem Menschen sichtbar, doch das Licht in Ihnen ist verborgen. Im Bilde des Lichtes des Vaters wird es sichtbar werden, doch sein Bild ist durch sein Licht verborgen".

Die große positive Erkenntnis liegt darin, unsere Lebenserfahrungen im Außen, als Lern- und Erkenntnismöglichkeit. als Botschaften für sich selbst als Klärung von problematischen äußeren Situationen wahr zu nehmen. In der Arbeit mit den sogenannten „Hermetischen Gesetzen" gilt es sich selbst zu ändern, statt den anderen an sich anpassen oder beherrschen zu wollen, oder Schuld im Außen zu identifizieren oder zuzuweisen.

Diese Gesetzmäßigkeiten halten den Einzelnen an, die volle Verantwortung für die Gestaltung und Gesundheit seines Lebens zu übernehmen.

So ist die wichtigste Voraussetzung für therapeutisches Arbeiten bzw. das geistige Heilen das Wissen und Erfahrung um die Handhabung des hermetischen Spiegel- oder Resonanzgesetzes „Gleiches zieht Gleiches" an und das was verdrängt wird, erscheint als Problematik in der Form, sprich in den Krankheiten, Situationen und Darstellungen des Lebens von innen und/oder außen.
Die außen erscheinende Form der Darstellungen (Form) gibt der Person wiederum eine Botschaft über den Zustand ihres Innern (Thema!). Das Äußere steht da wieder symbolhaft für das innere seelische Geschehen.
(Sinngemäß auf Deutsch: „Wenn man das Spiegelbild rasiert, geht das nicht, aber wenn man sich rasiert, ändert sich das Spiegelbild! Das gilt sowohl für das körperliche als auch für die existierende Situationen oder Beziehungen!")

Auch Systemische Aufstellungen zum Beispiel, heute oft unter dem Namen Familienaufstellungen bekannt, wie sie heute vielfach als therapeutisches Mittel angewandt werden, können als Mittel, als äußere Darstellung zur Beschreibung der inneren Archetypen genutzt und therapiert werden können. Sie helfen nun dabei spezielle „fehlgelebte", nicht integrierte Problemzonen, in exoterischer Form, also über das Äußere zu entdecken und wieder in die richtige Form zu bringen, um ein erfülltes Leben unter Umständen ohne Krankheiten und schmerzliches Schicksal zu leben.

Der Mensch hat im Unterschied zum Tier die Gabe, hoch emotionale bildhafte Vorstellungen, Ideale, gezielt in seinem Bewusstsein aufzubauen, welche aber seinen Anlagen und Möglichkeiten entsprechen sollen, um den gesunderhaltenden Gleichklang mit seiner Seele zu bewahren.
Diese Fähigkeit wird auch als „Imagination" bezeichnet. Diese dem Menschen angebotene Fähigkeit zur bildlichen Vorstellung ist in uns allen vorhanden. Bei den einen ist sie nur ausgeprägter, als bei den anderen.

Die Fähigkeit zur bildhaften Vorstellung wird durch Übungen trainiert, die als Visualisieren bezeichnet werden. Dabei lernt man, bestimmte Formen und Farben vor seinem inneren Auge zu sehen. Wenn man dieses Visualisierungsvermögen durch Bildvorlagen schult, dann ist es möglich ohne Bildvorlagen, nur mit seiner Phantasie, eigene neue Bilder aus dem Bewusstsein zu erschaffen. Die Imagination wendet man auch immer dann an, wenn du dir ganze Handlungsabläufe bildhaft vorstellen willst.

Wissensspeicherung und Imagination sind zwei Aktivitäten des Bewusstseins. Wissen baut auf vergangenen und aktuellen Erfahrung auf. Imagination befähigt, eine neue Ausrichtung des Bewusstseins vorzunehmen. Wille und Vorstellungskraft stehen dabei in wechselseitiger Beziehung. Der Wille ist notwendig, um zielgerichtete Vorstellungsbilder zu schaffen.
Die inneren Vorstellungsbilder haben aber wiederum die Tendenz, Handlungen hervorzurufen. Die Vorstellungskraft regt den Willen an, die Inhalte der Vorstellung zu verwirklichen.
Ein konzentrierter Wille vermag aufgrund der Schöpferkraft des Bewusstseins Vorstellungen zu schaffen und bei Betroffenheit diese gefühlsmäßig zu beladen und damit im Äußeren entsprechend zu manifestieren, bzw. Resonanzen dafür zu bekommen.

Diese Kräfte des tiefen inneren göttlichen Bewusstseins sind in jedem von uns enthalten. Es gilt, diese ins Bewusstsein zu heben. Dazu eignet sich besonders die Visualisierung von Symbolen. Wenn ein Symbol in Form eines gefühlsbeladenen Bildes wirkt, dann wird es Wirklichkeit. Visualisierung verwandelt und verändert dich, bzw. Menschen körperlich als auch geistig.

Wie schon früher erwähnt, teilt der Geist mit dem Symbol, dem Bild, das Phänomen des Dynamischen, d.h. diesem wohnt eine treibende, sich verwirklichen wollende Kraft inne.

Deshalb ist das Symbol ein Instrument, das ein Bewusstsein konzentriert nutzt, um sich in der spezifischen Realität zu manifestieren.

Ebenso wie ein Bogenschütze sein Ziel betrachtet, um so mit ihm eins zu werden, so muss der Visualisierende mit seinem Ziel eins werden. Dann bekommt sein Streben die richtige Richtung. Er schreitet dann auf sein Ziel hin voran, ohne sich zu zersplittern.

Mit einer ständigen konzentrierten Visualisierung mittels eines dich innerlich emotional berührenden Symbolbildes schafft man bzw. du dir einen Kanal zu den machtvollen seelischen Kräften, um deren große Manifestationskräfte nutzen zu können.

Visualisierung ist damit nicht eine Angelegenheit des Verstandes. Diese und die damit verbundene Emotion nimmt die Ganzheit deines Lebens mit in das Erleben hinein.

Wenn du das Symbol vor deinem inneren Auge entstehen lässt und emotional belädst, quasi innerlich einatmest, dich darauf einlässt, dann wirst du empfänglich für seine Qualitäten und sein äußeres Erleben.

Die Visualisierung eines Symbols, eines Bildes baut die ihm innewohnende Qualität in deinem Bewusstsein auf. So veränderst du deine innere Haltung und deine äußeren Verhaltensweisen. Du machst neue Erfahrungen mit dir selbst und in deinem Leben mit neuen adäquaten Situationen.

Deine Persönlichkeit und Erkenntnisfähigkeit entfaltet sich, und deine Handlungen werden davon beeinflusst, Belastungen lösen sich auf, heilsame Wirkungen setzen ein.

Gib also dir, mit den Symbolen der inneren „Wertimagination", die Möglichkeiten der Veränderung in deinem Inneren, wenn du als dein eigener Therapeut (*oder mit ihm*) dich, mit der Kraft des Symbols, mit dem Allumfassenden verbindest. Bediene dich der Kraft dieser nachfolgenden wirksamen und aufbauenden Symbole. Die Tür zu einem neuen Bewusstsein und körperlicher Gesundheit kann und wird sich dann öffnen.
.

Eine neue Bewusstseinslage wird erreicht, und damit ändert sich dann sein Leben auch im Außen, auch gesundheitsförderlich ganz automatisch.

Ein Symbol kann wie folgt definiert werden:

„Etwas, das für eine Person, ein Ding, eine Vorstellung oder ein Gefühl steht. Ein bildhaftes verdichtetes Zeichen für einen Begriff oder einen Vorgang, oft ohne kausal, aber analogen, erkennbaren Zusammenhang mit diesem."

Bildsymbole tragen verdichtete Gefühle verfestigten Bewusstseins in sich. Oft kann ein Symbol sehr mächtig sein wegen der Bedeutung, die ihm beigemessen wird. Das Symbol wird mächtig.

Die Leere, aus der es vor ihrem inneren Bildschirm auftauchte sowie das, aus dem es besteht, gehört aber genauso zum Inhalt, ist ebenso zu beachten, wie das, was sich manifestiert.

Bei der auftauchenden Imagination aus dem Inneren kommt es darauf an, dass sie mit dem auftauchenden Bild beginnen. Greifen sie mit ihrem Intellekt nicht ein, oder versuchen sie nicht das Bild, Symbol in irgendeine Form zu zwingen. Betrachten sie das Bild, wie es sich zu entfalten oder zu verändern beginnt, welche Wandlungen sich spontan einstellen. Der Phantasie muss freisetzenden Spielraum dafür gelassen werden, frei von Normen oder eigener Überzeugungen.

Jedes seelische Bild wird sich früher oder später spontan umgestalten, aufgrund der auftauchenden Assoziationen, die zu „laufen" beginnen. Halten sie aber, wenn möglich, an dem von ihnen gewählten ersten Bild aus der „Leere" fest, und warten, bis es sich von selbst harmonisch umgestaltet.

Es gilt alle Wandlungen zu beobachten, und dann aus einer Stabilität des stehenden Bildes „quasi hineinzugehen.

Dann kommt auch meistens eine Figur mit begleitendem Film hervor, die spricht, dann kannst auch deine Fragen stellen und vom Verstand unzensiert erkennen, was das Symbol oder die Figur zu sagen hat und sich darin tief einfühlen bzw. sich davon schöpferisch emotional bewegen lassen.

Man steht dann tatsächlich vor der Weisheit des Unbewussten, das eine harmonische Veränderung mit verbindenden Bewusstseinseinsichten schenkt.

Wissen um die Überlebenschancen und der wirklich innere Wunsch nach Genesung, bestimmen die therapeutische Interaktion. Wenn für den Patienten ungünstige Voraussetzungen herrschen, muss eben konsequenter gearbeitet werden, bis das Innere bereit ist, sich den Bildern und Gefühlen für die wirkliche Heilung zu öffnen.

Es hat aber wenig Sinn, wenn der Klient/Patient oder du, mehr oder minder unbewusst gar keine Heilung anstrebt, da er

A: Einen Krankheitsgewinn daraus zieht.

B. (D)Sein Unbewusstes aus transpersonalen Gründen die Krankheit als einen notwendigen Entwicklungsschritt für das seelische „Erfahrungsprogramm" beinhaltet.

C. Wenn man einfach dazu noch nicht oder nicht mehr bereit ist, wie Jesus dies im Gleichnis vom Sämann (NT:13, 1,1-9) eindringlich klarmacht:

„ ... Ein Sämann ging aufs Feld, um zu säen. Als er säte fiel ein Teil der Körner auf den Weg,.... Ein anderer Teil fiel auf felsigen Boden, wo es nur wenig Erde gab, und ging sofort auf, als aber die Sonne hochstieg, wurde die Saat versengt und verdorrte, weil sie keine Wurzeln hatte. Wieder ein anderer Teil fiel in die Dornen, und die Dornen wuchsen und erstickten die Saat..."

Das letztere symbolisiert wohl den Patienten, der so starke emotionale Blockaden und behindernde Prägungen in seiner Psyche unbewusst trägt, dass keine Psychotherapie bzw. Medizin, geschweige denn ein Therapeut, als Katalysator, mehr „durchdringen" kann.

Es bedarf vielmehr oft der Konfrontation mit Schicksalsverdichtungen/~schlägen, bis die Katastrophe, sprich grundsätzliche Wende, zur heilenden Einsicht und zum persönlichen Wachstum oder letztendlich zum Loslassen der körperlichen Form (Tod) - führt.

Dann erst wird auch „Innere Heilungsarbeit" möglich sein!

Tödliches Corona oder tödliche Angst?

Im Zusammenhang mit dem pandemischen Coronageschehen haben wir besonders mit dem Coronavirus ein erhebliches Problem der sogenannten „Vodooangst" durch die extreme mediale Panikmache:

Sterben infizierte Mensch durch diese Panikmache dann an der Coronainfektion oder an der Schwächung des Immunsystems durch induzierte Panikangst – besonders durch mediale Medizinexperten?

Zu den großen Formen der Angst, zählt neben der sogenannten Schuldangst im Falle normabweichenden Verhaltens, die Unheilbefürchtung. Diese Angst vor dem Unheil, kann zum Versagen des vegetativen Nervensystems bei Tieren bis zum Herzstillstand, wie beim Menschen, auch mit Herzinfarkt, Darmkrebs oder ähnlichen vegetativen tödlichen Kurzschlüssen vergleichbar ist! – *(z.B starkes psychisches Mobbing etc..kann das hervorrufen!)*

Im Voodoo-Tod ist die bloße Angst – als Unheilvergegenwärtigung selbst so stark, dass sie als absolute Ausweglosigkeit empfunden wird.

Wir kennen das aus der bekannten Psychosomatik zuhauf z.B. bei einer Krebsdiagnose:

Der Arzt eröffnet einem Menschen, dass er Krebs habe – eine kurze Zeit später stirbt er!

Beispiel 1: Da ist ein Junger künstlerisch sehr sensibel veranlagter Mann, der in einen ungeliebten Beruf als Speditionskaufmann von seinen Eltern, um die Firma später übernehmen zu sollen, gezwungen wird unter Androhung von Strafe (Voodoo!) der elterlichen Missachtung und finanziellem Entzug. Die psychosomatische Reaktion darauf war schwere Arthrose in beiden Kniegelenken gepaart mit zwei schweren Autounfällen - Therapie - Später schweres Rheuma! .....

Beispiel 2: Jemand irrt verzweifelt durch die Straßen- Job verloren, Frau hat ihn verlassen - Panikattacken- Selbstmordabsichten – Er will nochmal in die Kneipe "Mut" dafür antrinken -Abschied nehmen. Dort trifft er durch "Zufall"! einen ehemaligen Klassenkameraden.
Der war früher immer beliebt- charismatischer Mittelpunkt- heiter aufrichtend- Jeder wollte um ihn sein. Er setzt sich zu ihm mit intensivem Gespräch. Nach zwei Stunden geht er raus, ist erfüllt und mit aufrichtenden Gefühlsbildern von Mut und Zuversicht packt er sein neues Leben an!

So kann auch eine günstige Prognose oder Prophezeiung oder mutmachende Perspektive ungeahnte Lebensgeister bzw. progressive Stärkung des Immunsystems wecken!

Da ist die Geschichte von C.G. Jung als Assistenzarzt:

Ein Patient wurde als „Todkrank" von den Ärzten aufgegeben- keine Hoffnung -Der Chefarzt sollte sich das als letztes Mal anschauen - Der Patient blickte ihn erwartungsvoll an- Der Chefarzt sagte mit Bestimmtheit: "Moribundus" – d.h. „zum Tode verurteilt"!

Der Patient aber wurde gesund, weil er kein Latein konnte und diese bestimmende Aussage mit "Gesund" verwechselnd interpretierte und "GLAUBTE"!

Die Macht des Arztes als Halbgott in Weiß wird oft unterschätzt. Macht er glaubhaft Hoffnung oder verdammt er. Er ist sich seiner Rolle als kraftvoller Schamane gar nicht bewusst!
Dies gilt besonders, wenn er mit seiner weißen „Gottessrobe" mit mutmachendem Gespräch und würdiger Miene rituell ein „heilendes?" Rezept ausstellt, wo das Rezept letztendlich nicht heilt, sondern der Glaube an den Arzt und das Ritual. Schaut der aber skeptisch und äußert sich sehr düster und bedenklich, kann das tödlich sein!

Was wird nun zusätzlich gefährlich epidemisch: Die Coronainfektion oder die tödliche Angst durch Corona?

Die Kraft des Glaubens, mit seiner emotional geladenen Visualisationsfähigkeit ist da ungeheuerlich, auch wenn es aktuell besonders um Coronaheilung geht!

**Bekämpfe für eine Heilung nicht nur das Kranke –
Stärke vornehmlich das Immunsystem!**

Heute stehen wir vor der Aufgabe, die alte (und neue) Weltsicht über Imagination und Symbole wieder kennen lernen zu dürfen und uns ihrer Blick- und Vorgehensweise zu öffnen, um wirkliche Heilung zu erreichen.

Wir erkennen dabei vielleicht wieder die mächtigen heilträchtigen Bildsymbole als Spiegel bzw. Tempelschlafhilfe unseres seelischen Geschehens, die uns Aufschluss über die Gefühle, Kräfte und Entwicklungen und Sinnhaftigkeiten in unserem Leben verschaffen, die oft unserem Alltagsbewusstsein nicht mehr zugänglich sind. Diese bestimmen aber unser Leben in entscheidender Weise. Zur tiefenpsychologischen Arbeit, die also immer eine symboltherapeutische Arbeit sein muss, gehört das Erkennen von auftauchenden „Urbildgrundmustern" hinter dem Verhalten, in Phantasien und Träumen von Menschen, ihre Bewusstmachung und weitere Entwicklung zu Mustern, die eine heilende Ganzheit ausdrücken. Heilung und seelische Entwicklung finden durch Erkenntnis dieser komplexen vielgestaltigen Symbolmuster statt, die im „Katathymen Bilderleben", als moderne Form des Tempelschlafs bzw. Schamanismus, reichhaltige Heilungsmöglichkeiten von psychischen und physischen Störungen bieten.

Über diese symboltherapeutische Arbeit werden oft einzelne, zu den „beschädigten oder vergewaltigten" bzw. verdrängten, aber dem Bewusstsein zugehörigen Gefühle, Bilder oder Erinnerungen in Symbolform freigesetzt.
Als entsprechende Träger psychischer Energie sind sie dann über das Tagesbewusstsein für die Heilung durch Visualisationsrituale wieder einsetzbar.
Der Schwerpunkt bei der symboltherapeutischen Arbeit liegt dabei neben der heilbringenden Wirkung von korrespondierenden Symbolen auch bei der mentalen Bearbeitung bzw. Integration von körperlichen Krankheiten. Sie hilft diese „eingefrorenen Gefühlsbildblockaden" aufzulösen.

Somit ist der Heiler, der Arzt in unserem Inneren das weiseste und beste Mittel auf der ganzen Welt.

Wir müssen nur über Symbole mit ihm Kontakt aufnehmen. Die symboltherapeutische Arbeit in den hier geschilderten Zusammenhängen erfordert ein Umdenken in den angewendeten Konzepten und die Entwicklung eines neuen Vertrauens in diese Gesetzmäßigkeiten.

Das Denken in mechanistischen Kategorien und Sachzwängen, in schulmedizinischen Krankheitsbegriffen und – Abläufen, in Theorien von Erregern und Ansteckungen, von Chemie und Substanz ist uns so in Fleisch und Blut übergegangen, dass es dauern kann, bis wir uns wieder auf eine von kraftvollen Symbolen beherrschten ganzheitliche Welt- und Therapievorstellung wirklich einlassen können.

Das wichtigste Prinzip ganzheitlicher Heilung dabei ist, dass sie ständig der seelischen und ökologischen Ordnung aller Daseinsebenen mit ihrer sich ständig erneuern wollenden Lebendigkeit folgt und davon ausgeht, dass stoffliche und geistige Strukturen immer dem Fluss einer symbol- und bildhaften, mit gefühlsbeladen psychischen Energie folgt.

Oft genug wird jedoch die Möglichkeit der Genesung von einer schweren Krankheit über die Imaginationstherapie heruntergespielt. Grob geschätzt bessert sich nach meiner Erfahrung der Zustand bei einem Drittel aller Patienten mit Krebs, rheumatischer Arthritis, Magengeschwüren, Asthma und selbst schizophrenen Symptomen.

Meistens bekamen die Ärzte gar nicht mit, wie kranke Menschen wesentliche Schritte zur Heilung oder Erleichterung ihrer Krankheiten bei modernen Selenführern mit ihrer „Inneren Bildarbeit" finden, die über die Imaginationen den mystischen, bildhaften Kräften des Unbewussten wirksamen Eingang in ihr Leben ermöglichten.

Besonders aufschlussreich sind dabei die Details der eigentlichen Heilung, wie man sie spürt, welche Empfindungen, Gedanken oder Verhaltensweisen den Heilprozess mit den Inneren Heilungsbildern begleiteten oder über „Innere Kindarbeit" ihnen vorausgingen.

Meine Patienten wussten mir da nach Heilungssitzungen, mit ihren Hausaufgaben, faszinierendes darüber zu berichten. Zumeist hatten diese Dinge mit einer besonderen späteren geistigen erweiterten konstruktiven Verfassung für ihr Leben zu tun, die Imaginationsverfahren hervorriefen gepaart mit „wundersamen" Lebensveränderungen. Ihre Erzählungen über ihre Krankheitsthemen, mit ihren Misslichkeiten und Beschreibungen ihrer Vorstellungsarbeit, enthielten meistens mehr Informationen über das Kranksein, als darüber, wie sie gesund wurden oder wie es ihnen gelang, am Leben zu bleiben.

Gesundheit stellt sich als ein direktes Resultat ein, wenn wir unser Gefühl einer harmonischen Beziehung mit dem Unbewussten in uns durch seine aktive Transformation seiner eigenen Werte und Absichten in unser Leben fließen lassen. Es wirkt dann als große Immunsystemstärkende Kraft und ich bin auch überzeugt, als heilsame Wirkung mit seinen Abwehrkräften, auch dem „Coronavirus" standzuhalten!

Hochinteressante Parallelen finden wir dazu im Alten Testament im Buch „Moses". Hier lässt Moses, wegen eines kollektiven „Sündenfalls" der Israeliten, das Symbol der Schlange weithin sichtbar im Lager aufrichten. Wer das Symbol der Schlange daraufhin ansah, wurde wieder gesund:

„Da kamen sie zu Moses und sprachen: Wir haben gesündigt, dass wir wider den Herrn und wider dich geredet haben. Bitte den Herrn, dass er die Schlangen von uns nehme. Und Mose bat für das Volk. Da sprach der Heer zu Mose: Mache dir eine eherne (metallene) Schlange und richte sie an einer Stange hoch auf. Wer gebissen ist und sieht sie an, der soll leben. Da machte Mose eine eherne Schlange und richtete sie hoch auf. Und wenn jemanden eine Schlange biss, so sah er die eherne Schlange an und blieb leben."
(Bibel, 4. Buch des Moses, Kapitel 21, Verse 4 bis 9)

Warum wirkte das Symbol der Schlange nun heilend?

Die Grundüberlegung ist, dass auch hier die Israeliten jegliche evolutionäre geistig gesellschaftliche Entwicklung verweigerten, da sie, wie der moderne Mensch heute, wieder zurück wollten, an die gewohnten Fleischtöpfe Ägyptens als vampirhafte Zombiesklaven bzw. fressende Konsumraupen! Sie drohten zu ersticken an ihrem kollektiven psychischen Giftschleim, der sich als Spiegelwohl wie der Coronavirus etc. - in einer Volksepidemie darstellte!

Die Schlange ist das Symbol des sich erneuernden Lebens. Als symbolische Kraft des Lebens zeigt sie auf, dass der Mensch, wie die Schlange ihre Haut abstoßen muss, um in stetiger Erneuerung im Leben wiedergeboren zu werden. Manchmal wird die Schlange als ein Kreis im Symbol des „Ouroboros" dargestellt, wie sie sich über ihren eigenen Schwanz frisst. Das ist ein Bild des evolutionären Lebens. Das Leben stößt eine Generation nach der anderen ab, um wiedergeboren zu werden, so wie eine alte Tafelanschrift immer einer neuen weichen muss. Sie verkörpert die unsterbliche Energie, das unsterbliche Bewusstsein, das eingebunden ist, in das Feld der Zeit und in einem fort, bestehenden Formen als Tod abwirft und sich so erneuert – so auch in neuen „Reinkarnationen" wiedergeboren wird. In den meisten Kulturen und auch im innerpsychischen Traumgeschehen erhält die Schlange so zu Recht eine positive mystische Deutung, als eine ewige, sich erneuernden Kraft der Lebendigkeit. Man empfand und fühlte sie als ein sehr wichtiges „MANA", das es als Förderer der Erneuerung und Lebendigkeit als Gesundheitsfaktor zu gewinnen galt.

Bezogen auf die moderne Wertimaginationsarbeit heißt dies:

„Was heilt mein System? - Was bringt es ins neue lebendige Fließgleichgewicht über das entsprechende Symbol? - „Welches Symbolbild aus dem Inneren der Seele muss ich aufrichten, bzw. „anschauen", durchblicken und aus dem Inneren wieder fühlen, um „Heil" zu werden?

Stärkung durch Wertimagination
Immunsystemstärkende Allgemeinkonditionierungen
aus dem Inneren der Seele!

„Der Mensch besitzt eine sichtbare und eine unsichtbare Werkstatt. Die sichtbare, das ist sein Körper, die unsichtbare, das ist seine Imagination (Geist) ... Die Imagination ist die Sonne in der Seele des Menschen... Der Geist ist der Meister, die Imagination sein Werkzeug und der Körper das formbare Material ... Die Macht der Imagination ist ein bedeutender Faktor in der Medizin. Sie kann Krankheiten verursachen... und heilen. Krankheiten des Körpers können mit Hilfe von Arzneien geheilt werden oder dank der Macht des Geistes, der durch die Seele wirkt." (E. Hartmann: Paracelsus: Life and Prophecies- S. 111-112)

Der Baum als Symbol des Lebens

Der Baum ist ein starkes Persönlichkeitssymbol des Lebens und spiegelt im Zuge einer symboltherapeutischen Arbeit mit der Seele immer den Zustand der eigenen Persönlichkeit und damit auch Krankheitsdefizite jeglicher Art, eben bis zu Virenerkrankungen, wie Corona!

Da der Laubbaum sein Blattkleid jährlich erneuert, ist er ein Symbol, eines sich immer erneuernden Lebens. Der weibliche Charakter des Baumes zeigt sich auch darin, dass der Baum Triebe entwickeln, also gebären kann.

Der Baum ist ein wichtiges Symbol für die persönliche Entwicklung und das geistig-seelische Wachstum. Vor allem bieten Bildvisualisationen von Bäumen dir eine gute Gelegenheit, innere Stabilität zu entwickeln, besonders in Zeiten persönlicher Veränderungen und gerade in Krankheitskrisen!

Dann kann dir das Bild des Baumes das Empfinden von gesundheitsfördernder Stabilität und Sicherheit geben.

Das Baumsymbol ist so ein äußerst wirksames Wertimaginationssymbol um heilsame Wirkungen bei jeglichen Krankheitserscheinung bis hin zu Virenerkrankungen (*Würmer im Stamm etc.*) zu erzielen!

Dieser heilsame Selbstwerdungs- bzw. Heilungsprozess, kann symbolisch in der Imaginations- oder Maltherapie initiiert und dargestellt werden, vor allem eben im Wachstum von Bäumen.

Die ergänzende Beschäftigung mit Baumsymbolen in der Vorstellung und künstlerischer Gestaltung sind dafür besonders geeignet und ergänzen solche Prozesse als äußere Projektionsträger für Menschen.

So wie wir Menschen aufrecht in der Welt stehen, steht auch der Baum im Raum:

Er ist verwurzelter als wir, aber auch wir erinnern uns an Wurzeln; er muss sich aufrichten in die Höhe, wächst bis zu seinem Tod, in seinem Aufrichten muss er stehen, widerstehen, standhalten, wie wir es auch tun. In seiner Krone entfaltet er sich, hat er allenfalls Früchte, ist er fruchtbar, breitet er sich in die Welt aus.

Seine Krone ist gleichzeitig auch ein Dach, ist Schutz, gibt den Vögeln Gelegenheit zu verweilen. Der Baum verbindet sich der Erde, der Tiefe, dem Wasser; der Baum verbindet sich dem Himmel – der Sonne –dem geistigen Leben. So wie wir Menschen zwischen Oben und Unten stehen, steht auch der Baum zwischen Oben und Unten. Er verändert sich durch Jahreszeiten hindurch. Seine Lebensgeschichte ist an ihm ablesbar.

Im Symbol des Weltenbaums, ist z.B die Weltesche Yggdrasil ein Symbol des Universums, aber auch der kosmischen Erneuerung - drückt sich sowohl zyklische Wandlung des Lebens aus, als auch die Fortdauer des Lebens, das ewige Leben, zu sehen an den Baumringen. So werden denn auch in unseren Sprichwörtern Menschen sehr oft mit Bäumen verglichen.

Auch das Wachstum des Menschen, mit seinen ursprünglichen seelischen Bildkräften, lässt sich in der Therapie im Wachstum eines Baumes abbilden.

In einer sogenannten geführten Wertimagination wird der Erkrankte bzw. de Klient beim Betrachten des eigenen Baumes –als Einstiegssymbol" mit folgenden Fragen konfrontiert:

- Zustand der Krone Blätter und Zweige?
Grün – Welk –Gelb – Ausladend, schmal etc....
- gesunde vertrauensvolle Kontaktfähigkeit – mit der Außenwelt ?

- Zustand der Wurzeln:
Breit und/oder tief wachsend– Dünne oder dicke starke Wurzeln?
– gleich: schwacher oder starker innerer Halt - Glaube –Vertrauen- Selbstwertgefühl – Standfestigkeit gegen die Stürme des Lebens?

- Gefühlter oder offensichtlicher Zustand des Stammes, der Äste von Innen und außen:
Inneres trocken – mehlig –saftig - Dünnbrüchig – Verletzt – Offene Wunde" – Verletzungen – Vernarbt - massiv – stark etc.

Also, am Zustand des Baumes und seinen „Wesensgliedern" lässt sich ablesen, wo im individuellen Bereich die Persönlichkeit psychisch bzw. körperlich krankt und wo therapeutisch für das Einfließen seelischer Kräfte, für ein gesundes Immunsystem, anzusetzen wäre, um auch mit einem „Corona"~Virus „fertig zu werden!

Dieser Coronavirus als medizinische Erkrankung äußert sich doch gerade aus obigen Betrachtungen eben gerade da, wo der eigenen Individuationsprozess ins Stocken geraten ist bzw. blockiert oder verhindert wird!

Bei der folgenden Heilungsarbeit muss dann entschieden werden, ob für eine Heilung bzw. ein neu gewonnenes Heilungsgefühl während der Sitzung, über den erforderlichen Öffnungskontakt mit der Sonne *(psychisch)* oder über die Wurzeln mit dem Inneren der haltgebenden Mutter Erde *(körperlich)* verstärkt und in betroffene Baumbereiche fokussierend „hingearbeitet" werden soll!

z.B. Ich bin liebenswürdig –Vom Leben erwünscht –Ich bin fähig und kompetent- Ich bin es wert, vom Leben beschenkt zu werden –Ich bin diese Kraft und Stärke – Ich bin geborgen und sicher - etc.

Hierbei kann der Lebensbaum des Klienten während der Sitzung auch auf andere Heilungsbilder wechseln!

Vor allem bieten Bildvisualisationen von Bäumen dir eine gute Gelegenheit, innere Stabilität zu entwickeln, besonders in Zeiten persönlicher Veränderungen, aber eben auch in Form von Krankheiten jeglicher Art. Dann kann dir das Bild des Baumes das Empfinden von Stabilität und Sicherheit geben. Denn du weißt ja jetzt: „Deine Empfindungseinstellungen erschaffen deine Realität"!

Setz dich bequem hin und schließ deine Augen. Gehe wieder zu deinem Atem und blicke in die Weite deines Bauchraumes.

Vor deinem geistigen Auge siehst du dich auf einer Wiese stehen. Du schaust dich um.

Alles ist friedlich und hell. Die Sonne scheint vom Himmel und du genießt es einen Spaziergang durch die Natur zu machen. Du kommst zu einem Baum, der dich interessiert, der dich anzieht.

Schau dir dabei die Umgebung des Baumes gut an, alles, was du dort hören, sehen und vielleicht auch riechen kannst. Atme es ein und lass es über deinen Atem tief auf dich wirken.

Geh nun etwas dichter an den Baum heran, um ihn zu begrüßen. Wenn du aus- und einatmest, empfinde dabei, dass du gemeinsam mit dem Baum atmest und dass du den frischen Sauerstoff genießt, der dem Baum entströmt.
Nun geh noch dichter heran und berühre seine Rinde, seine Nadeln oder Blätter... Spüre tief hinein, wie sich der Baum anfühlt...
Geh noch dichter heran und umarme den Baum... Spüre dabei, wie du langsam mit dem Baum verschmilzt und für eine Weile der Baum wirst. Lass dein Bewusstsein den Baum einnehmen, in dem der Baum lebt, unter der Erde, über der Erde...

Spüre, dass du anders empfindest, wenn du die Welt aus der Perspektive des Baumes siehst und spürst.
Bemerke, wie du dich, mit deinen Ästen und Zweigen, in die Welt hinausstreckst und wie deine Wurzeln weit in die Erde hinein reichen, um dir starken Halt zu geben...
Nun folge mit deinem Bewusstsein all den vielen Wurzeln. Beginne mit den vielen dünnen und dicken Wurzeln, die sich nach den Seiten und in die Tiefe ausbreiten.

Jetzt folge einer Wurzel, die tiefer hinab reicht in die Erde, die vielleicht um verschiedene Hindernisse herumgeht, die sich ihr in den Weg gestellt haben. Bemerke die verschiedenen Schichten der Erde, Humus, Steine, Mineralien, die diese Wurzeln auf ihrem Weg in den tiefen Grund passiert. während es im Boden immer brauner und dunkler wird. Spüre und sieh dabei, wo die Erde feuchter wird und wo du das Wasser, deine Lebensenergie, für deine Körperlichkeit - den Stamm- aus den Wurzeln aufnimmst bzw. das lebensspendende Wasser in dich nach oben hereinziehst.
Spüre, wie das geistige Wasser des Lebens durch dich hindurch strömt, auf seinem Weg nach oben, in Stamm und Krone. Lass es von den Spitzen deiner Wurzeln durch die immer dicker werdenden Wurzeln in den Stamm strömen und sieh, wie das Wasser gleich hinter deiner Rinde höher und höher hinaufsteigt, bis in die Spitzen und feinen Verzweigungen der Äste und von dort in Blätter oder Nadeln, Blüten oder Früchte...

Spüre das Leben und die wachsende Kraft mit Vertrauen etc. in dir!

„Ich bin diese Kraft - diese Stärke –Ich bin vom Leben erwünscht!"

Registriere die Beweglichkeit deiner Äste und deines Stammes, wenn der Wind durch dich hindurchgeht - Höre das Lied des Windes und tanze mit dem Wind... Atme das Sonnenlicht ein. Fühle, wie er dich über deine Blätter und ausgebreiteten Zweige mit Licht, Freude und Leichtigkeit durchdringt.

Lass dir Zeit, atme und fühle dich ein:

„Ich bin diese Kraft - diese Stärke – Ich bin vom Leben erwünscht!"

Nun gehe mit deiner Aufmerksamkeit wieder zu deinem Stamm und bemerke dabei deine Stärke und Beweglichkeit, mit der du auch die Stürme deines Lebens überstehen kannst.

Spüre, wie du dein Gleichgewicht halten kannst, im Sommer und Winter, im Frühling und Herbst, in jeglicher Schicksalslage!

Behalte dieses Gefühl der Balance mit seinem inneren Halt in dir, wenn du gleich wieder aus dem Baum hinaustrittst und wieder deine menschliche Gestalt annimmst.

Gehe dann ein paar Schritte zurück und betrachte deinen Baum noch einmal von außen. Kannst du bemerken, dass er jetzt irgendwie gesünder und kräftiger wirkt?

Fühle es und atme es empfindend ein!

Vielleicht möchtest du den Baum zum Abschied noch einmal ganz intensiv umarmen, um seine dabei gefühlte Kraft der Stärke und innerem Halt, mit in deinen Alltag mit zu nehmen.

Öffne nun die Augen und nimm mehr und mehr, durch immer wiederholtes „Andocken", diese in deine Alltagssituationen mit und verstärke häufig diese Empfindung mit einem empfunden Glaubenssatz „Ich bin..." z.B.:

„Ich bin diese Kraft und Stärke" – sicher und geborgen ...
„Ich bin stärker als jede Herausforderung!"

Natürlich kannst du diese Übung auch über einen realen Baum in der Natur machen, der dich anzieht und gefühlsmäßig berührt!

Natürlich ist es wichtig, bei all den beschriebenen obigen Übungen, zu erwähnen, dass immer die individuelle Wertarbeit, aus dem eigenen Inneren- mit seinen seelischen Symbolen- die effektivsten heilsamen Ergebnisse erzielt:

Praxistherapeutische Baumimaginationsarbeit

Beispiel 1: Kurzschilderung

Eine 43- jährige Frau kommt mit Zystenbefall der Gebärmutter, die stoßweise ausbluteten, in die Praxis. Zwei Wochen später sollte die Totaloperation erfolgen. Sie hatte riesige Angst vor dem Verlust ihrer Weiblichkeit. Sie bat um psychologische Hilfe.

Hier möchte ich mir die Erläuterung der Psychodynamik der Krankheit ersparen und auf die Imaginationsarbeit eingehen.

Hintergrund: Streng konfessionell gläubige Mutter, die ständig ihre auf-keimende Weiblichkeit bemängelte:

„Nicht nackt herumlaufen dürfen, ständig stark verhüllende Kleidung tragen, Sex sei unanständig- und man müsse es aufheben für den Richtigen - Als sie den ersten Lippenstift auftragen wollte, bekam sie Prügel."

Zuerst ließ ich sie u.a. innerlich die Frage stellen:

Warum habe ich diese Krankheit –Was ist da blockiert?

Ich führte sie nach eingeleiteter Entspannung mit ihrer Aufmerksamkeit an ihren eigenen Lebensbaum!

Sie nahm einen an vielen Stellen schwarz verkohlten Baum wahr, der ihr staubgrau erschien und die Blätter an einer eingeschränkten Krone erschei-nen ihr gelbgrün!

Nach weiter offener Beobachtung geschah über die Kontaktaufnahme mit der Sonne und ihrem Sonnenlicht, das sie an die verkohlten Stellen hin atmete das wunderbar Heilende:

Die Blätter begannen wieder zu ergrünen - Die Krone wurde weiter und wieder grünend. Sie bekam das Gefühl von innerer Geborgenheit und Ruhe, die ich sie minutenlang einatmen und erstarken ließ, mit dem von ihr bestätigten Glaubenssatz:

„Ich bin geborgen und sicher – Ich bin stolz auf mich"!

Desweiteren arbeiteten wir natürlich an ihren pathologischen Beziehungsmustern.

Das Ergebnis war, dass die Zysten aufhörten zu bluten und schrumpften und eine Totaloperation zum Erstaunen der Ärzte nicht mehr nötig war. Der sich positiv verändert habende Röntgenbefund war für sie nicht zu erklären. Keine Operation war mehr notwendig!

Als Hausaufgabe bekam sie, sich in dieses Heilungsbild immer wieder hin-ein zu atmen, wann immer sie es konnte.

Wichtig ist dabei immer wieder als begleitende Anweisung bei allem was man tut, bei jeder Verrichtung und Handhabung (Kaffee kochen, Schreiben, etc.) Bild, Symbol und Gefühl hervor rufen mit:

„Ich bin erwünscht – Ich bin stolz auf mich" und lasse das Gefühl zu!"

Beispiel 2: Kurzschilderung

Ein Mann war auf seiner Brust durch explodierendes heißes Rackletöl schwer verbrannt worden. Natürlich befand er sich nach einem Jahr Klinikaufenthalt in medizinischer Behandlung, wo die Narben mit Laserstrahlen behandelt wurden, um sein Äußeres wieder ansprechender zu gestalten.

Auf einem Seminar über Imaginationstherapien sprach er mich an, ob ich vielleicht durch die Aktivierung der Selbstheilungskräfte die medizinische Behandlung der Brustnarben noch unterstützen könnte. Sein psychosomatisches Leiden war auch im Zusammenhang noch diagnostiziert als „Narzisstische Störung"

Nach Vorgesprächen mit innerer Kindarbeit (uneheliches ungeliebtes Kind!) tauchte in seiner Wertimagination mit dem narbenübersäten Baum plötzlich das wechselnde magische Symbol einer „Wabe" - als sein „Heilungsbild" auf: Es war eine große Bienenwabe, in der eine große Biene ihren Honig einbrachte und damit die Wabe füllte. Es fühlte sich schützend an, warme Geborgenheit und Versorgung vermittelnd.

Dieses Bild wurde in mehreren Imaginationssitzungen auf die verbrannte Haut projiziert. Er selber, verschmolz in diesem Bild mit dem Krafttier „Biene", das er sich in seiner WertImagination gegeben hatte und füllte emsig als Biene die Waben mit dem erbetenen fließenden zähflüssigen gelben Honig, als „Heilungslicht" empfunden, mit dem er sich mehr und mehr „auflud"!

Es war unglaublich! - Innerhalb von sechs Wochen besserte sich, für die Mediziner unerklärlich sein Hautbild entscheidend!

Folgende Baumimaginationen zeigten später, dass sein Lebensbaum einen gesunden Rindenbewuchs aufzeigte!

Wichtig war dabei immer wieder als begleitende Anweisung bei allem was man tut, bei jeder Verrichtung und Handhabung (Kaffee kochen, Schreiben, etc...) Bild, Symbol und Gefühl hervor rufen mit: „Ich bin geborgen und sicher – Ich bin vom Leben erwünscht"

Beispiel 3: Kurzschilderung

Eine 43- jährige Frau litt schon 15 Jahre unter heftigen Rheumaattacken. Cortison war dabei ihre ständige Begleitung.
Sie litt unter einer „verschlingend" dominanten Mutterbindung, die versuchte ihr als ältester die ganze Verantwortung für drei weitere Geschwister aufzubürden. Außerdem hatten ihre Geschwister alle Verantwortung für die Fürsorge für die kranke Mutter nach dem Tod des Vaters auf sie abgewälzt.

In der Wertimaginationssitzung führte ich sie auf die Wiese zu ihrem Baum! Dort sah sie ihren Lebensbaum umringt von anderen Bäumen. Beim Nähergehen sah sie, dass ihr Baum in der Nähe der Wurzeln eine große ovalförmige harztropfende Wunde hatte. Die anderen umstehenden Bäume erdrückten sie quasi.

Unter anderem ließ ich sie mit ihrem Baum verschmelzen und ihre schwachen Wurzeln stärken, indem ich diese zum Erdmittelpunkt vordringen ließ. Den nahm sie als riesigen rostbraunen Kristall wahr. Ihre Wurzeln verbanden sich dann auf mein Geheiß hin mit dem Kristall und ließen erdige, rostbraune, rote Energie in ihren Stamm fließen. Die Wurzeln wurden zunehmend stark und dicker!
Über diese fließende Energie ließ ich dann ihre Wunde schließen, was ihr sichtlich schwer fiel. Als die Wunde verschlossen war, war ihr Baum sowohl im Stamm als auch in der Krone riesig gewachsen.
Gleichzeitig nahm sie die „erdrückenden" Bäume, die wohl symbolisch für ihre Geschwister standen, erheblich weiter weg und kleiner wahr, was für sie eine große Erleichterung darstellte. Sie fing an ihre Macht und Stärke zu fühlen, Mut erwachte in ihr.

Nach ein paar Wochen schaffte sie es mit ihrer neuen Stärke und Konfliktfähigkeit die Verantwortlichkeiten auf alle ihre Geschwister zu verteilen und nahm eine ausgewogene Testamentsregelung mit der Mutter vor.
Das Rheuma verschwand mehr und mehr, dabei nahm sie allerdings einige Kilogramm an Gewicht zu, was sie „amused" in Kauf nahm.

Gesundheit ist eine Störung des gesamten Menschen in seiner körperlich – psychischen Einheit! - wo sein „Selbstbewusstsein" mit seinen Einstellungen bzw. Prägungen eine Rolle spielen.

Schon die zunehmenden psychisch- körperlichen Zivilisationskrankheiten des Menschen, von Depressionen, Süchten bis zum Krebs und Gewalt zeigen eine kranke Gesellschaft, die seelische Wirklichkeiten im Menschen ignoriert! Die Medizin ist auch bis heute nicht in der Lage, die schwersten Krankheiten nachhaltig trotz überbordender Kosten zu verhindern oder zu heilen! - weil sie eben meist psychische Kausalfaktoren ignoriert! Rein medizinisch kann sie nicht beantworten, warum der eine Mensch an Viren erkrankt und andere dagegen Widerstand leisten können. Der angeführte Begriff „Immunsystem" bleibt da meist ein abstrakter Faktor. So können bei dem einen im Umgang mit krebserregenden Substanzen (Asbest/Tabak) Lungenkrebs auftreten, bei den meisten Menschen aber nicht! So sollten die vorgennannten Beispiele ganzheitlicher Heilungsanwendungen zeigen, aus dem menschlichen Geist heraus, nachhaltig und systemisch heilen zu können, wenn Intuition- Gefühl und Verstand - die Weisheit der seelischen Verbundenheit für eine Gesundheitsvorsorge und akuter Heilung parallel zur medizinischen Anwendung anerkennen! So gilt es eben das Wort „Medikament" das eigentlich „Heilung aus dem Mentalen- dem „Geist" bedeutet, sehr viel weiter zu sehen!

Die „magische" Kraft der Vorstellungsbilder

Diese Kräfte des tiefen innewohnenden göttlichen Bewusstseins – „das Wasser des Lebens" - sind in jedem von uns enthalten. Es gilt diese ins Bewusstsein zu heben. Dazu eignet sich besonders z.b. die Visualisierung von Symbolen. Wenn ein Symbol in Form eines gefühlsbeladenen Bildes wirkt, dann wird es „Wirk"-lichkeit. Visualisierung verwandelt und verändert dich.

Mit einer ständigen konzentrierten Visualisierung mittels eines dich innerlich emotional berührenden Symbolbildes schaffst du dir einen Kanal zum machtvollen seelischen Kraft, um deren große gesundheitsfördernde Manifestationskräfte zu nutzen. Visualisierung ist damit nicht eine Angelegenheit des Verstandes. Diese und die damit verbundene Emotion nimmt die Ganzheit deines Lebens mit in das Erleben hinein.

Wenn du das Symbol vor deinem inneren Auge entstehen lässt und emotional belädst, quasi innerlich einatmest, dich darauf einlässt, dann wirst du empfänglich für seine heilsamen Qualitäten und sein äußeres Erleben.

Die Visualisierung eines Symbols, eines Bildes baut die ihm innewohnende Qualität in deinem Bewusstsein auf. So veränderst du deine innere Haltung und deine äußeren Verhaltensweisen. Du machst neue Erfahrungen mit dir selbst und in deinem Leben mit neuen adäquaten Situationen. Deine Persönlichkeit und Erkenntnisfähigkeit entfalten sich, und deine Handlungen werden davon beeinflusst, Belastungen lösen sich auf und heilsame Wirkungen mit „Magie" *(pers. –„mag"- Spiegel - Heilung auf der bildhaften Ebene")* setzen ein.

Über die praktische gesundheitsfördernde Wirkung einer Symbolarbeit bzw. über deren Art und Weise berichtet der Autor ausführlich und tiefgründig aus seinen Erfahrungen, besonders in seinen Büchern:

„Merlin lebt!"

Dieses Buch will die Kraft symbolhafter und mythischer Vorstellungen, Träume und Rituale, als heilende Quelle hervorheben. Es sollen die Grundlagen der Methoden erläutert werden, wie der Arzt, Psychologe und der Klient sich gleichermaßen helfen können die Harmonie zwischen Körper und Seele wieder herzustellen.

„Moderne Geistheilung mit Bild und Zahl"

Dieses Buch liefert Praxiseinblicke in das Wirken von "Seelenatomen" im Menschen, wo sie sich als antreibende Kraft auf ganz bestimmte Weise ausdrücken und darstellen wollen. Auf dem Hintergrund des "Hermetischen Weltbildes" gewürdigt, können Beratungsinstrumente, wie Tarot, Numerologie, Astrologie, komplexe Lebenssituationen und somatische Hintergründe mit ihrer bildhaften Sinnsymbolik objektiv erfassen und Menschen in heilsamer therapeutischer Anwendung helfen, emotionale Blockaden und belastende Muster zu harmonisieren und das Immunsystem zu stärken.(~was nichts mit Wahrsagerei zu tun hat!)

„Quantenkabbala"
"Quantentherapie mit KABBALISTISCHEN SYMBOLEN"

Hier wird anschaulich die ideale Verknüpfung zwischen Tarotbildern, Zahlenkabbalistik, Heilung mit Zahlen und kabbalistischen Symbolen aufgezeigt. Ein Gewinn für jede ganzheitliche Therapie!

Die gemachten Anregungen könnten durchaus auch in der gesundheitsfördernden Vorsorge und Arbeit, auch gegen Virenerkrankungen angewendet werden!

Dabei wird auch die recht wirksame Wirkung von Systemaufstellungen unter symbolpsychologischen Betrachtungen beschrieben!

Epilog: So spricht Corona zum Abschluss!

Erkennst du mich in diesem Märchen?

Einst ging ein gelehrter Mann aus den nördlichen Regionen Europas auf eine Reise gegen Süden. Eines Nachts saß er auf dem **Balkon** seines Hauses, während das Feuer hinter ihm seinen Schatten auf den Altan des gegenüberliegenden Hauses warf. Wie er da saß, beobachtete der Mann amüsiert, wie sein Schatten jede seiner Bewegungen nachahmte, als würde er wirklich auf dem anderen Balkon sitzen. Als er schließlich müde wurde und schlafen ging, stellte er sich den Schatten vor, wie er dies ebenfalls im Haus auf der gegenüberliegenden Straßenseite tat.

Am nächsten Morgen jedoch stellte der Mann mit Bestürzung fest, dass er wirklich seinen Schatten über Nacht verloren hatte. Als ihm allerdings ein neuer Schatten aus seinen Zehenspitzen wuchs, dachte er nicht weiter darüber nach und kehrte in seine nordische Heimat zurück, um wieder zu schreiben.

Mehrere Jahre vergingen, bis eines Nachts ein Mann an seiner Türe klopfte. Zu seiner Überraschung war es sein Schatten, den er vor Jahren im Süden verloren hatte. Dieser Schatten stand nun mit fast vollkommenem menschlichem Aussehen in seiner Haustüre. Erstaunt von seinem plötzlichen Wiederauftauchen lud der gelehrte Mann ihn in sein Haus ein. Beide setzten sich an den Kamin, wo der Schatten dem Mann erzählte, wie er selbst ein Mann geworden war.

Der gelehrte Mann war ein ruhiger und sanftmütiger Mensch. Seine Hauptinteressen lagen im Guten, Wahren und Schönen. Dies waren die Themen, über die er oft schrieb, die aber niemanden sonst zu interessieren schienen. Der Schatten sagte seinem Herrn, dass dieser die Welt nicht verstünde, dass er aber selbst im gegenüberliegenden Haus, wo die Poesie wohne, die angeblich wahre Welt gesehen habe, mit ihrer Bosheit und den schlechten Menschen darin.

Nach einigen Jahren wurde der Schriftsteller ernsthaft krank. Sein ehemaliger Schatten schlug ihm einen Reise zu einem Badekurort auf seine Kosten vor, allerdings unter der Bedingung, dass der ehemalige Schatten selbst als Herr auftreten dürfe, während der Schriftsteller so tun müsse, als wäre er der Schatten. So absurd dieser Vorschlag sich auch anhörte, am Ende nahm der gelehrte Mann ihn an. Zusammen gingen sie auf Reisen und der Schatten spielte den Herrn. Im Kurort lernte der Schatten eine wunderschöne Prinzessin kennen.

Nachdem beide sich eine Nacht lang zusammen unterhalten und getanzt hatten, verliebte sich die Prinzessin in den Schatten.

Kurz bevor die Hochzeit anstand, bot der Schatten seinem ehemaligen Herrn eine hohe Stellung im Palast an, unter der Bedingung, dass dieser nun endgültig sein eigener Schatten werde. Der Schriftsteller lehnte sofort ab und drohte damit, der Prinzessin alles zu sagen, doch der Schatten ließ ihn verhaften. Seine Bestürzung heuchelnd traf er sich mit der Prinzessin und sagte ihr:

Im Original heißt es:

„Ich habe das Greulichste erlebt, was man erleben kann!" sagte der Schatten, „denke Dir – ja so ein armes Schattengehirn kann nicht viel aushalten! – denke Dir, mein Schatten ist verrückt geworden. Er glaubt, er wäre der Mensch und ich – denke Dir nur – ich wäre sein Schatten!"

„Das ist ja furchtbar", sagte die Prinzessin, „er ist doch eingesperrt?"

„Das ist er! - Ich fürchte, er wird nie wieder zu Verstand kommen."

„Armer Schatten!" sagte die Prinzessin, „er ist sehr unglücklich. Es würde eine wahre Wohltat sein, ihn von dem bisschen Leben zu befreien, das er hat.

Wenn ich es recht bedenke, glaube ich, es wird notwendig sein, es mit ihm in aller Stille abzumachen."

Als der Schatten und die Prinzessin später in dieser Nacht heirateten, war der gelehrte Mann bereits tot.

(Vgl. Wikipedia: Chr. Andersons Märchen: Der Schatten)

Mensch erkenne aus diesem Märchen die Essenz:

Ein äußerer Kampf oder eine Krankheit stellt die Konfrontation des Menschen mit seinem „Schatten- dem Nichterkennen seiner wirklichen umfassenden Lebensqualität dar!

Das bedeutet, dass man sich mit eigenen Zweifeln, Unsicherheiten in Bezug auf seine Themen erkenntnisorientiert herumschlagen muss! Jeder hat die Tendenz zum Kämpfen, aufgrund eines gefühlten Minderwertes in sich. Jeder ist da selber Sieger und Unterlegener zugleich, Opferer und Geopferter.

Aber es ist das Ziel eines Jeden, einen inneren Kampf zu bestehen, indem man seinen krankmachenden Schatten erkennt, durchlichtet und nicht verdammt!

Ein solcher Mensch will nicht dann Sieger sein, weil er einsieht, dass er selbst Verursacher für Leid und Zerstörung und Krankheit ist!

Wenn dieser Prozess der Aussöhnung eine übergreifende Verbundenheit in der Vereinigung von Gegensätzen – dem Schatten- auch nur ansatzweise gelingt, ist im Außen kein Kampf oder eine starre Ethik von „Gut und Böse" mehr notwendig! denn diese geht aus seinem geklärten Inneren jedem Handeln voraus!

Wenn du dich entscheidest, nur auf den Schatten im Außen zu starren, ihn durch Aufmerksamkeit und Beschäftigung damit, zu verdichten, wird er dich verschlingen, wie ein Schwarzes Loch! - Von dort kommt kein Licht! - Nur von Innen!

Denn nur von dort - und das ist die einzige Stelle, wo du dieses Licht hierfür entzünden kannst, das rundherum dann leuchten kann. Dann wirst du hinblicken, wo der Schatten war, bloß, er ist nicht mehr vorhanden!

Der Schatten hat nichts mit unseren bewussten persönlichen Unzulänglichkeiten zu tun! - Er enthält vielmehr das, was uns nicht bewusst und unsichtbar ist und sich deshalb als Böses im Körper oder Außen darstellt. Hier sind eben Eigenschaften und Verhaltensweisen angesiedelt und zu sehen, die wir nicht zu haben glauben oder nicht als die unsrigen anerkennen wollen.

In den vergangenen zweitausend Jahren sind wir intensiv gelehrt worden, Gott, sowie den Teufel, als das personifiziertes „Böse" – den „Schatten" zu fürchten und sich daran zu messen.

Gilt es nicht vielmehr zu erkennen, dass Gott in sich selbst beide Seiten enthält, ein „Ganzheit"- liches - ein „Geistgefäß" - darstellt, das alle Gegensätze umfasst?

Das gelingt unter einer Voraussetzung: Es gilt zu begreifen, dass Er und Du „Eines" sind!

Der Mensch beschäftigt sich zu sehr damit, außerhalb von ihm nach dem zu suchen, was er nur selbst als Schöpfer selbst „als Gutes" oder „Böses" erschaffen kann. Das Ergebnis wird hier immer sein, dass er unzufrieden ist, weil er außerhalb von sich niemals Antworten finden wird und Gott nicht von ihm getrennt wohnt.

Im Menschen alleine aber ruht alle Schöpferkraft und von ihm geht bewusst oder unbewusst alles aus - das angeblich „Gute und Böse", sprich: „Licht und Schatten".

„Mensch, du sollst stets getauft werden, mit dem Wasser deines wirklichen Lebens - aus deiner inneren Quelle des Göttlichen. Hier wirst du selbständig, aus deinem wahren Selbst heraus, mit dem neuen Bild von dir. Es ist nach Gottes Bild geformt, in das er sich kleidet. Dein Lebensbaum trägt dann neue Frucht für neue Erfahrungen für deine Lebendigkeit in deinem neuen Leben!

In diesem Geist bist du ein „Neugeborenes" – ein Kind – von der mystischen Göttin „Isis"!

Sie trägt das Symbol deiner Einzigartigkeit - der neuen Sonne und ihre Corona strahlt in Wärme. In diesem Licht wirst du weit sehen und kraftvoll fliegen können!

Im „Coronafieber" ist oder war aber das Licht der neuen Sonne in dir unerkannt zu einem „Schattendasein" in deinem Bewusstseinsgefängnis verborgen.

Es will sich aber immer aber nun aus diesem Gefängnis befreien und ganz stark brennen im Fieber, um Verdorbenes zu durchlichten und zu reinigen, damit du vom Alten erlöst und gesunden kannst.

Nur dort, wo Verdorbenes hinter den dicken Mauern eines Gefängnis ist, entsteht ein Fieber bzw. Entzündungen, weil Corona mit seinem intensivem Lebensfeuer die Mauern alter Lebensweisen und Empfindungseinstellungen immer weiter erhitzt, weil ihre Stahlen die innere und äußere Lebendigkeit des Menschen nicht mehr in stetigem Fluss erwärmen können.

Es ist entsteht ein massiver Wärmestau der sich zu zerstörenden Hitze und innerer „Verbrennung" aufschaukelt!

Also: Nur ihre eingesperrte Kraft vergiftet und zerstört, auch im Bilde eines „Virus" weil du Widerstand leistest!

Fieber ist so eigentlich keine Strafe, sondern ein Prozess der Genesung, wenn man sich von altem Verdorbenem lösen kann, der unter eine Lebenshitze nur noch nur noch Giftschleim und üblen Moder mit Stallgeruch keimen lässt!*

(*oder im übertragenem Sinne ein, sich stets entzündetes Benzin, im verkrusteten Motorbrennraum den Kolbenfresser forciert).

Aber es verdirbt und verfault mit dem Menschen, wenn sein einziges Ansinnen es ist, nach einer fragwürdigen Gesundung zum alten Stall zurückzukehren und darin weiter zu leben.

Solche Menschen wollen glückliche Sklaven ihrer verschimmelnden Fleischtöpfe unter verbrauchtem Sauerstoff bleiben und sie hungern auch während des Fiebers weiter danach und verwechseln es noch mit eigenbestimmter Lebendigkeit!

Sie sperren ihre Geburt als Schmetterling in den Käfig und hüten ihre Raupenhüllen als eine Totengruft, in der sie sich letztendlich selbst abwürgen, sprich den notwendigen neuen frischen Sauerstoff - den Atem, eines neuen „Lebensmanas", aus dem Inneren gar nicht in ihre Lungen lassen!

Ihre Augen schauen zurück und nicht für eine Gesundung nach vorne und verurteilen sich so selbst zum „eigen"-verantwortlichen" Tod, anstatt zu einem neuen lebendigen „Ver-‚Rückt' sein!"

Die beste Krankheitsprävention beschrieb schon vor 2000 Jahren ein weiser Mensch namens Jesus! – wenn er sagt:

"Ich versichere euch: Wenn ihr nicht umkehrt und wie die Kinder werdet, könnt ihr nicht in das Reich kommen, das vom Himmel regiert wird....

Jesus sah, wie kleine Kinder gestillt wurden und sprach: „Diese kleinen Kinder, die gestillt werden, gleichen denen, die in das Reich eintreten."

Was bedeutet es wie ein Kind zu werden und zu bleiben?

Kindlich zu werden, bedeutet Schutzmauern, die wir ein Leben lang aufgebaut haben, um uns selber vor Verletzungen oder anderen Menschen zu schützen, aus Befürchtungen und Ängsten herunter zu bauen.

Leben kennzeichnet nicht einen Lebensabschnitt einer Jugend, sondern eine Geisteshaltung. Es ist Ausdruck einer Lebensqualität, einer Gefühlsintensität, für das Leben zu brennen. Es bedeutet Sieg des Mutes über die Mutlosigkeit, Sieg der Abenteuerlust über den Hang zur Bequemlichkeit.

Man wird nicht alt, weil man eine gewisse Anzahl Jahre gelebt hat. Man wird als „Risikogruppe" alt, wenn man sein Brennen aufgibt, sich immer neu erfahren zu wollen. Die Jahre zeichnen zwar die Haut, wie bei einem Baum, aber Be-„Geist"-erung aufzugeben, ist ein krankmachendes Abschneiden vom Lebensfeuer der Seele.

Der Giftschleim von Zweifeln, Befürchtungen und Hoffnungslosigkeit sind da Feinde, die uns im Leben zu Untoten werden lassen, die nur noch von den künstlichen Ersatzgefühlen aus den Medien bzw. geistiger unverdauter Ware und ihrem Leim leben.

Leben und Jung und gesund ist der, wer noch staunen und sich begeistern kann - wer noch wie ein „neu"-gieriges Kind fragt: .....und dann?" - und Abenteuer herausfordert, agiert und seine Erfahrungen dann in eigene Weisheit verdauen und damit in inneren Reichtum umwandeln kann!

Ihr seid so lebendig jung wie euer Glaube an euch - So alt und krank, wie eure Zweifel, so jung wie euer Selbstvertrauen - so jung wie eure Hoffnung. - so alt wie euer zementiertes Leben!

Ihr werdet jung und lebendig bleiben, solange ihr aufnahmebereit für abenteuerliche Heldenreisen bleibt und empfänglich für Herausforderungen und für die Botschaften aus dem Inneren, staunend über Unfassliches und Wunder die in das eigene Leben dann einfließen!

Sollte aber eines Tages euer Herz verätzt sein, von Pessimismus, zernagt von Zynismus, dann fühlt ihr wirklich nur noch das Fegefeuer eurer Krankheiten und nicht mehr das Brennen eurer Seele!

Wer sein Leben noch vor sich hat, ist ein Kind und wer sein Leben gegenwärtig aus seiner Seele sinnerfüllt und eigenverantwortungsvoll gestaltet und erschafft, ist erwachsen!

Kind ist, wenn man lebendige quellende „Jugend" in sich fühlt!

Wenn du dich lebendig fühlst, dann bist du fruchtbar.

Das Kindische jedoch ist unfruchtbar, seine Zukunft ist das schon Vorhandene, immer wieder Verwelkte. Es lebt nicht hinüber in eine fruchtbare Entwicklung und Erfahrung!

Einen jungen Geist gilt es aber im Inneren der eigenen Seele zu finden, die sich individuell erfahrbar, in jedem Menschen ausdrücken möchte, in eigener Einzigartigkeit, die nicht immer Konfessionen und Leitbildern mit ihren Sündenlehren, mit „Gut und Böse –Besser oder Schlechter", konform gehen.

„Wenn Ihr zwei zu eins macht, und wenn Ihr das Innere wie das Äußere und das Äußere wie das Innere und das Göttliche wie das Irdische macht, dann werdet Ihr eintreten." *(Thomasevangelium)*

Wenn Du dich so veränderst, bzw. im Fluss bleibst, verändert sich deine Welt und es "passiert", dass ein Kamel durch das Nadelöhr gehen kann, und das heißt unbelastet von blockierenden krankmachenden Einstellungslasten, hinter bröckelnden Lebensmauern!

Im Menschen alleine ruht alle Schöpferkraft und von ihm geht bewusst oder unbewusst alles aus - das angeblich „Gute und Böse", sprich: „Licht und Schatten". Du selbst bist die Ursache von Licht und dem Schatten in deinem Leben! – „Aber Gottes Auge ist zu licht, um Dunkles sehen zu können"! *(C.G.Jung!)*

**„Solange die Seele brennt, gehörst du dem Leben
und einer nachhaltigen Gesundheit!"**

Axel Englert, geboren 1956 in Aschaffenburg

Studium von Pädagogik mit Schwerpunkt „Erwachsenenbildung und „Pädagogische Psychologie" und nachfolgender Managementtätigkeit in Industrie und Bildungswesen. Seit 1994 - Selbständige Tätigkeit als Trainer für Supervision, Sinn- und Konfliktmanagement, Ziel- und Teamfindungsseminare, Mentaltraining, sowie Persönlichkeitstrainings und Buchautor. (Vgl. www.mental-x.de) auf der Basis der „Archetypischen" Psychologie von C.G. Jung.

In seiner „Ganzheitlichen Psychologischen Praxis" begleitet der Autor neben Firmenberatungen seit mehr als 25 Jahren Menschen in Lebens- und Beziehungskrisen, in privater- und beruflicher Neuorientierung und ihrer eigenen Persönlichkeitsentwicklung.

Unterstützt wird diese Praxis, als Heilpraktiker für Psychotherapie, durch selbst entwickelte systemischen Aufstellungsberatungen, sowie die effektive Arbeit mit modernen Imaginationsverfahren und ergänzenden eigenentwickelten „Wertimaginationstherapien".

Mit seinen Büchern möchte der Autor auf die heilende und lebensverändernde Kraft von inneren Bildkräfte und Symboliken hinweisen, die erst einmal freigesetzt, große psychische „wunder"-volle Energien in, zu verändernde oder transformierende, Lebenssituationen fließen lassen können.

Dadurch kann auch wieder ein Zugang zu dem gewonnen werden, was „Religio" (Rückbindung im Sinne des „Erkenne dich selbst!" und sinnhaftes Leben bedeutet, und dass diese seelischen Themen sehr praktisch und in nachvollziehbarer Weise das persönliche Leben begleiten und verändern können.

Auf diese Weise können Schwierigkeiten in der eigenen Psyche und damit in der Lebensführung überwunden werden, Heilung und Erweiterung der Persönlichkeit werden leichter möglich.

Das Ziel bleibt in jedem Fall dasselbe:

Den Kontakt mit der Seele, mit ihren Antriebskräften herzustellen und die unendlich weise Führung kennenzulernen, die in jedem von uns lebt, die aber so wenige in die Realität umsetzen können.

Weitere zielführende Bücher des Autors zum Thema:

www.bod.de – Buchshop

bzw:

https://www.bod.de/buchshop/catalogsearch/result/?q=axel+englert

Literaturliste

1. F. David Peat: „Sychronizität" -   W. Barth Verlag

2. Roger N. Walsh: „Der Geist des Schamanismus" -   Walter Verlag

3. Andrew Weil: „Spontanheilung" -   C. Bertelsmann Verlag

4. „Fritof Capra: „Wendezeit"-   Scherz Verlag

5. „Fritof Capra: „Lebensnetz"-   Scherz Verlag

6. Joseph Campell: „Der Heros in tausend Gestalten" -   Insel Verlag

7. Max F. Long: „Geheimes Wissen hinter Wundern"-   Bauer Verlag

8. H. C. Leuner: „Lehrbuch des Katathymen Bilderlebens"
                                 H. Huber Verlag

9. C.G. Jung: „Traum und Traumdeutung"-   dtv

10. C.G. Jung: „Mensch und Seele"-   Walter

11. C.G. Jung: „Der Mensch und seine Symbole"-   Walter

12. Kast Verena: „Die Dynamik der Symbole" -   Walter

13. J. Jacobi: „Die Psychologie v. C.G. Jung" –   Rascher

14. A. Jaffe: „C.G. Jung" – Biographie-   Walter

15. B. Hannah: „Begegnungen mit der Seele" -   Knaur

16. Rene Bütler: „Die Mystik der Welt" -   O.W. Barth

17. Bernie Siegel: „Prognose Hoffnung" –   Goldmann

18. Ernst Aeppli: „Der Traum und seine Deutung"-   Knaur 4116

19. J. Achterberg: "Gedanken heilen"-   Rororo 8548